СЕМЁН ЛЮДВИГОВИЧ ФРАНК

СМЫСЛ ЖИЗНИ

ORTHODOX LOGOS PUBLISHING

СМЫСЛ ЖИЗНИ

Семён Людвигович Франк

© 2025, Orthodox Logos Publishing, The Netherlands

www.orthodoxlogos.com

ISBN: 978-1-80484-193-8

This book is in copyright. No part of this publication may be reproduced, stored in a retrieval system or transmitted in any form or by any means without the prior permission in writing of the publisher, nor be otherwise circulated in any form of binding or cover other than that in which it is published without a similar condition, including this condition, being imposed on the subsequent purchaser.

СЕМЁН ЛЮДВИГОВИЧ ФРАНК

СМЫСЛ ЖИЗНИ

ORTHODOX LOGOS PUBLISHING

СОДЕРЖАНИЕ

Вступление 7
Предисловие 10

Смысл жизни

1. Вступление 12
2. «Что делать?» 23
3. Условия возможности смысла жизни 40
4. Бессмысленность жизни 54
5. Самоочевидность истинного бытия 69
6. Оправдание веры 85
7. Осмысление жизни 107
8. О духовном и мирском делании 121
Примечания 140

Биография: Семён Людвигович Франк . . . 142

ВСТУПЛЕНИЕ

В истории философской мысли вопрос о смысле жизни занимает особое место. Это не просто одна из множества философских проблем – это вопрос, который рано или поздно задает себе каждый мыслящий человек. В труде «Смысл жизни» Семён Людвигович Франк, один из крупнейших русских философов XX века, предпринимает глубокое и всестороннее исследование этой фундаментальной проблемы человеческого бытия.

Книга, которую читатель держит в руках, была написана в 1925 году, в период, когда человечество переживало глубочайший духовный кризис после Первой мировой войны. Это было время разрушения старых ценностей, время потрясений и переоценки всего накопленного человечеством опыта. Именно в такие переломные моменты истории вопрос о смысле существования встает с особой остротой и требует нового осмысления.

Семён Людвигович Франк подходит к исследованию смысла жизни не только как философ, но и как человек, глубоко переживший трагические события своего времени. Будучи вынужденным покинуть Россию в 1922 году, он создавал эту работу в эмиграции, что придает особую глубину и искренность его размышлениям. Личный опыт автора, соединенный с глубочайшей философской эрудицией, позволяет ему рассматривать проблему смысла жизни во всей её многогранности.

В своем исследовании Франк отходит от традиционного академического стиля философствования. Его работа – это живой диалог с читателем, в котором сочетаются строгость логического мышления и глубина религиозно-нравственных прозрений. Автор показывает, что вопрос о смысле жизни – это не отвлечённая теоретическая проблема, а важнейший практический вопрос, от решения которого зависит сама возможность полноценного человеческого существования.

Особую ценность работе придаёт то, что Франк рассматривает проблему смысла жизни в контексте различных философских традиций. Он органично соединяет достижения западноевропейской философской мысли с глубиной русской религиозной философии. При этом автор не ограничивается простым изложением существующих концепций, но предлагает собственное оригинальное видение проблемы.

Центральная мысль книги заключается в том, что смысл жизни неразрывно связан с духовным измерением человеческого существования. Франк показывает, что попытки найти смысл жизни исключительно в материальной плоскости или в сфере социальных отношений неизбежно приводят к разочарованию. Подлинный смысл жизни, по мнению философа, может быть найден только в соприкосновении с абсолютным началом бытия, в живой связи человеческой души с Богом.

Важно отметить, что религиозное измерение философии Франка не делает его работу узко конфессиональной. Напротив, его мысль универсальна и обращена к каждому человеку, независимо от его мировоззренческих установок. Философ показывает, что поиск смысла жизни – это неотъемлемая часть человеческой природы, и каждый человек, осознанно или неосознанно, участвует в этом поиске.

В книге последовательно раскрываются различные аспекты проблемы смысла жизни: от анализа самой постановки вопроса до конкретных путей его решения. Франк рассматривает такие важнейшие темы, как соотношение смысла жизни и счастья, связь между индивидуальным и общественным существованием, роль страдания в человеческой жизни, значение творчества и любви в обретении смысла существования.

Особое внимание автор уделяет критике нигилистических и пессимистических концепций, отрицающих наличие смысла в человеческой жизни. Франк убедительно показывает, что само наличие вопроса о смысле жизни уже свидетельствует о существовании этого смысла, подобно тому как наличие голода свидетельствует о существовании пищи.

Работа Франка не теряет своей актуальности и в наши дни. Более того, в современную эпоху, характеризующуюся кризисом традиционных ценностей и нарастающим чувством бессмысленности существования, идеи философа приобретают особое значение. Его глубокий анализ помогает современному читателю найти ориентиры в сложном мире духовных исканий.

Книга будет интересна широкому кругу читателей: профессиональным философам и богословам, студентам гуманитарных специальностей, а также всем тем, кто задумывается о фундаментальных вопросах человеческого существования. Ясность изложения делает работу доступной для понимания даже тем, кто не имеет специальной философской подготовки.

Предлагаемое издание – это не просто философский трактат, это путеводитель в мире духовных исканий, помогающий читателю найти собственные ответы на вечные вопросы о смысле человеческого существования. Глубина мысли автора, соединенная с ясностью изложения, делает эту книгу незаменимым помощником в поиске собственного пути к пониманию смысла жизни.

В заключение следует отметить, что труд Семёна Людвиговича Франка «Смысл жизни» – это не только выдающееся произведение русской религиозной философии, но и важнейший документ человеческого духа, свидетельствующий о неустанном стремлении человека к постижению высшего смысла своего существования.

ПРЕДИСЛОВИЕ

Предлагаемая книжка, уже давно задуманная, образует как бы естественное продолжение выпущенной мною в 1924 году книжки «Крушение кумиров». Она составлена в ответ на неоднократные указания друзей и единомышленников о необходимости такого продолжения, которое раскрыло бы положительное содержание тех идей, которые преимущественно в форме критики господствующих предубеждений были изложены в «Крушении кумиров». И эта вторая книжка, подобно первой, будучи выражением личных верований автора, выросла в связи с беседами и спорами, которые пришлось вести в кругу русского студенческого христианского движения. Она предлагается поэтому в первую очередь вниманию молодых участников этого движения и вообще русской молодежи за границей.

Этим определен и стиль книжки: автор пытался свои религиозно-философские идеи выразить в возможно простой и общедоступной форме и говорит лишь о том, что имеет насущное жизненное значение.

Берлин, 29 августа 1925 г.

СМЫСЛ ЖИЗНИ

1. ВСТУПЛЕНИЕ

Имеет ли жизнь вообще смысл, и если да – то какой именно? В чем смысл жизни? Или жизнь есть просто бессмыслица, бессмысленный, никчемный процесс естественного рождения, расцветания, созревания, увядания и смерти человека, как всякого другого органического существа? Те мечты о добре и правде, о духовной значительности и осмысленности жизни, которые уже с отроческих лет волнуют нашу душу и заставляют нас думать, что мы родились не «даром», что мы призваны осуществить в мире что-то великое и решающее и тем самым осуществить и самих себя, дать творческий исход дремлющим в нас, скрытым от постороннего взора, но настойчиво требующим своего обнаружения духовным силам, образующим как бы истинное существо нашего «я», – эти мечты оправданы ли как-либо объективно, имеют ли какое-либо разумное основание, и если да – то какое? Или они просто – огоньки слепой страсти, вспыхивающие в живом существе по естественным законам его природы как стихийные влечения и томления, с помощью которых равнодушная природа совершает через наше посредство, обманывая и завлекая нас иллюзиями, свое бессмысленное, в вечном однообразии повторяющееся дело сохранения животной жизни в смене поколений? Человеческая жажда любви и счастья, слезы умиления перед красотой, – трепетная мысль о светлой радости, озаряющей и согревающей жизнь или, вернее, впервые осуществляющей подлинную жизнь, – есть ли для этого какая-либо твердая почва в бытии человека, или это — только отражение в воспаленном человеческом сознании той слепой и смутной страсти, которая владеет и насекомым, которая обманывает нас, употребляя как орудия для сохранения все той же бессмысленной прозы жизни животной и обрекая нас за краткую мечту о высшей радости и духовной полноте расплачиваться пошлостью, скукой и томительной нуждой узкого, будничного, обывательского существования? А жажда подвига, самоотверженного служения добру, жажда гибели во имя великого и светлого дела — есть ли это нечто большее и более осмысленное, чем таинственная, но бессмысленная сила, которая гонит бабочку в огонь?

Эти, как обычно говорится, «проклятые» вопросы или, вернее, этот единый вопрос «о смысле жизни» волнует и мучает в глубине души каждого человека. Человек может на время, и даже на очень долгое время, совсем забыть о нем, погрузиться с головой или в будничные интересы сегодняшнего дня, в материальные заботы о сохранении жизни, о богатстве, довольстве и земных успехах, или в какие-либо сверхличные страсти и «дела» — в политику, борьбу партий и т.п., — но жизнь уже так устроена, что совсем и навсегда отмахнуться от него не может и самый тупой, заплывший жиром или духовно спящий человек: неустранимый факт приближения *смерти* и неизбежных ее предвестников — старения и болезней, факт отмирания, скоропреходящего исчезновения, погружения в невозвратное прошлое всей нашей земной жизни со всей иллюзорной значительностью ее интересов — этот факт есть для всякого человека грозное и неотвязное напоминание нерешенного, отложенного в сторону вопроса о смысле *жизни*. Этот вопрос — не «теоретический вопрос», не предмет праздной умственной игры; этот вопрос есть вопрос самой жизни, он так же страшен — и, собственно говоря, еще гораздо более страшен, чем при тяжкой нужде вопрос о куске хлеба для утоления голода. Поистине, это есть вопрос о хлебе, который бы напитал нас, и воде, которая утолила бы нашу жажду. Чехов описывает где-то человека, который, всю жизнь живя будничными интересами в провинциальном городе, как все другие люди, лгал и притворялся, «играл роль» в «обществе», был занят «делами», погружен в мелкие интриги и заботы – и вдруг, неожиданно, однажды ночью, просыпается с тяжелым сердцебиением и в холодном поту. Что случилось? Случилось что-то ужасное – *жизнь прошла*, и жизни не было, потому что не было и нет в ней смысла!

И все-таки огромное большинство людей считает нужным отмахиваться от этого вопроса, прятаться от него и находить величайшую жизненную мудрость в такой «страусовой политике». Они называют это «принципиальным отказом» от попытки разрешить «неразрешимые метафизические вопросы», и они так умело обманывают и всех других, и самих себя, что не только для постороннего взора, но и для них самих их мука и неизбывное томление остаются незамеченными, быть может, до самого смертного часа. Этот прием воспитывания в себе и других забвения к самому важному, в конечном счете, единственно важному вопросу жизни определен, однако, не одной только «страусовой политикой», желанием закрыть глаза, чтобы не видеть страшной истины. По-видимому, умение «устраиваться в жизни», добывать жизненные блага, утверждать и расширять свою позицию в жизненной борьбе обратно пропорционально вниманию, уделяемому вопросу о «смысле жизни». А так как это умение, в силу животной природы человека и определяемого им «здравого рассудка», представляется самым важным и первым по настоятельности делом, то в его интересах и совершается это задавливание в глубокие низины бессознательности тревожного недоумения о смысле жизни. И чем спокойнее, чем более размерена и упорядочена внешняя жизнь, чем более она занята текущими земными интересами и имеет удачу в их осуществлении, тем глубже та душевная могила, в которой похоронен вопрос о смысле жизни. Поэтому мы, например, видим, что средний европеец, типичный западноевропейский «буржуа» (не в экономическом, а в духовном смысле слова) как будто совсем не интересуется более этим вопросом и потому перестал и нуждаться в религии, которая одна только дает на него ответ. Мы, русские, отчасти по своей натуре, отчасти, вероятно, по неустроенности и неналаженности нашей внешней, гражданской, бытовой и общественной жизни, и в прежние, «благополучные» времена отличались от западных европейцев тем, что больше мучились вопросом о смысле жизни, – или более открыто мучились им, более признавались в своих мучениях. Однако теперь, оглядываясь назад, на наше столь недавнее и столь далекое от нас прошлое, мы должны сознаться, что и мы тогда в значительной мере «заплыли жиром» и не видели – не хотели или не могли видеть – истинного лица жизни и потому и мало заботились об его разгадке.

Происшедшее ужасающее потрясение и разрушение всей нашей общественной жизни принесло нам, именно с этой точки зрения, одно ценнейшее, несмотря на всю его горечь, благо: оно обнажило перед нами *жизнь как она есть на самом деле*. Правда, в порядке обывательских размышлений, в плане обычной земной «жизненной мудрости» мы часто мучимся *ненормальностью* нашей нынешней жизни и либо с безграничной ненавистью обвиняем в ней «большевиков», бессмысленно ввергших всех русских людей в бездну бедствий и отчаяния, либо (что уже, конечно, лучше) с горьким и бесполезным раскаянием осуждаем наше собственное легкомыслие, небрежность и слепоту, с которой мы дали разрушить в России все основы нормальной, счастливой и разумной жизни. Как бы много относительной правды ни было в этих горьких чувствах, – в них, перед лицом последней, подлинной правды, есть и очень опасный самообман. Обозревая потери наших близких, либо прямо убитых, либо замученных дикими условиями жизни, потерю нашего имущества, нашего любимого дела, – наши собственные преждевременные болезни, наше нынешнее вынужденное безделье и бессмысленность всего нашего нынешнего существования, мы часто думаем, что болезни, смерть, старость, нужду, бессмысленность жизни – все это выдумали и впервые внесли в жизнь большевики. На самом деле они этого не выдумали и не впервые внесли в жизнь, а только значительно усилили, разрушив то внешнее и, с более глубокой точки зрения, все-таки призрачное благополучие, которое прежде царило в жизни. И раньше люди умирали – и умирали почти всегда преждевременно, не доделав своего дела, и бессмысленно-случайно; и раньше все жизненные блага – богатство, здоровье, слава, общественное положение – были шатки и ненадежны; и раньше мудрость русского народа знала, что от сумы и тюрьмы никто не должен отрекаться. Происшедшее только как бы сняло призрачный покров с жизни и показало нам неприкрытый ужас жизни как она всегда есть сама по себе. Подобно тому, как в кинематографе можно, произвольным изменением темпа движения, через такое искажение именно и показать подлинную, но обычному взору не заметную природу движения, подобно тому, как через увеличительное стекло впервые видишь (хотя и в изменненых размерах) то, что всегда есть и было, но что не видно невооруженному глазу, так и то искажение «нормальных» эмпирических условий жизни, которое теперь произошло в России, только раскрывает перед нами скрытую прежде истинную сущность жизни. И мы, русские, теперь без дела и толка, без родины и родного очага, в нужде и лишениях слоняющиеся по чужим землям – или живущие на родине, как на чужбине, – сознавая всю «ненормальность» – с точки зрения обычных внешних форм жизни – нашего нынешнего существования, вместе с тем вправе и обязаны сказать, что именно на этом ненормальном образе жизни мы впервые познали истинное вечное существо жизни. Мы бездомные и бесприютные странники – но разве человек на земле не есть в более глубоком смысле всегда бездомный и бесприютный странник? Мы испытали на себе, своих близких, своем существе и своей карьере величайшие превратности судьбы – но разве самое существо судьбы не в том, что она превратна? Мы ощутили близость и грозную реальность смерти, но разве это – только реальность сегодняшнего дня? Среди роскошного и беспечного быта русской придворной среды 18 века русский поэт восклицал: «Где стол был яств, там гроб стоит; где пиршеств раздавались клики – надгробные там стонут лики и бледна смерть на всех глядит»[1]. Мы обречены на тяжкий изнуряющий труд ради ежедневного пропитания – но разве уже Адаму, при изгнании из рая, не было предречено и заповедано: «в поте лица своего ты будешь есть хлеб свой»?

Так перед нами теперь, через увеличительное стекло наших нынешних бедствий, с явностью предстала сама сущность жизни во всей ее превратности, скоротечности, тягостности – во всей ее бессмысленности. И потому всех людей мучащий, перед всеми неотвязно стоящий вопрос о смысле жизни приобрел для нас, как бы впервые вкусивших самое существо жизни и лишенных возможности спрятаться от нее или прикрыть ее обманчивой и смягчающей ее ужас видимостью, совершенно исключительную остроту. Легко было не задуматься над этим вопросом, когда жизнь, по крайней мере внешне-видимая, текла ровно и гладко, когда – за вычетом относительно редких моментов трагических испытаний, казавшихся нам исключительными и ненормальными, – жизнь являлась нам спокойной и устойчивой, когда у каждого из нас было наше естественное и разумное дело и за множеством вопросов текущего дня, за множеством живых и важных для нас частных дел и вопросов общий вопрос о жизни в ее целом только мерещил где-то в туманной дали и смутно-потаенно тревожил нас. Особенно в молодом возрасте, когда разрешение всех вопросов жизни предвидится в будущем, когда запас жизненных сил, требующих приложения, это приложение по большей части и находил и условия жизни легко позволяли жить мечтами, лишь немногие из нас остро и напряженно страдали от сознания бессмысленности жизни. Не то теперь. Потеряв родину и с нею естественную почву для дела, которое дает хотя бы видимость осмысления жизни, и вместе с тем лишенные возможности в беспечном молодом веселии наслаждаться жизнью и в этом стихийном увлечении ее соблазнами забывать о неумолимой ее суровости, обреченные на тяжкий изнуряющий и подневольный труд для своего пропитания — мы вынуждены ставить себе вопрос: для чего жить? Для чего тянуть эту нелепую лямку? Чем оправданы наши страдания? Где найти незыблемую опору, чтобы не упасть под тяжестью жизненной нужды?

Правда, большинство русских людей еще старается отогнать от себя эти грозные и тоскливые думы страстной мечтой о будущем обновлении и возрождении нашей общей русской жизни. Русские люди вообще имели привычку жить мечтами о будущем; и раньше им казалось, что будничная, суровая и тусклая жизнь сегодняшнего дня есть, собственно, случайное недоразумение, временная задержка в наступлении истинной жизни, томительное ожидание, нечто вроде томления на какой-то случайной остановке поезда; но завтра или через несколько лет, словом, во всяком случае вскоре в будущем все изменится, откроется истинная, разумная и счастливая жизнь; весь смысл жизни — в этом будущем, а сегодняшний день для жизни не в счет. Это настроение мечтательности и его отражение на нравственной воле, эта нравственная несерьезность, презрение и равнодушие к настоящему и внутренне лживая, неосновательная идеализация будущего, — это духовное состояние и есть ведь последний корень той нравственной болезни, которую мы называем р е в о л ю ц и о н н о с т ь ю и которая загубила русскую жизнь. Но никогда, быть может, это духовное состояние не было так распространено, как именно теперь; и надо признать, что никогда еще для него не было так много оснований или поводов, как именно теперь. Нельзя ведь отрицать, что должен же наконец рано или поздно наступить день, когда русская жизнь выберется из той трясины, в которую она попала и в которой она теперь неподвижно замерла; нельзя отрицать, что именно с этого дня наступит для нас время, которое не только облегчит личные условия нашей жизни, но – что гораздо важнее – поставит нас в более здоровые и нормальные общие условия, раскроет возможность разумного дела, оживит наши силы через новое погружение наших корней в родную почву.

И все-таки и теперь это настроение перенесения вопроса о смысле жизни с сегодняшнего дня на чаемое и неведомое будущее, ожидание его решения не от внутренней духовной энергии нашей собственной воли, а от непредвидимых перемен судьбы, это совершенное презрение к настоящему и капитуляция перед ним за счет мечтательной идеализации будущего – есть такая же душевная и нравственная болезнь, такое же извращение здорового, вытекающего из самого духовного существа человека отношения к действительности и к задачам собственной жизни, как и всегда; и исключительная интенсивность этого настроения свидетельствует лишь об интенсивности нашего заболевания. И обстоятельства жизни складываются так, что и нам самим это постепенно становится все яснее. Наступление этого решающего светлого дня, которое мы долго ждали чуть не завтра или послезавтра, оттягивается на долгие года; и чем больше времени мы ждем его, чем больше наших надежд оказалось призрачными, тем туманнее становится в будущем возможность его наступления; он отходит для нас в какую-то неуловимую даль, мы ждем его уже не завтра и послезавтра, а только «через несколько лет», и никто уже не может предсказать, ни сколько лет мы должны его ждать, ни почему именно и при каких условиях он наступит. И уже многие начинают думать, что этот желанный день вообще, быть может, не придет заметным образом, не проложит резкой, абсолютной грани между ненавистным и презренным настоящим и светлым, радостным будущим, а что русская жизнь будет лишь незаметно и постепенно, быть может, рядом мелких толчков выпрямляться и приходить в более нормальное состояние. И при полной непроницаемости для нас будущего, при обнаружившейся ошибочности всех прогнозов, уже неоднократно обещавших нам наступление этого дня, нельзя отрицать правдоподобия или по меньшей мере возможности такого исхода. Но одно допущение этой возможности уже разрушает всю духовную позицию, которая осуществление подлинной жизни откладывает до этого решающего дня и ставит в полную зависимость от него. Но и помимо этого соображения – долго ли вообще мы должны и можем *ждать*, и можно ли проводить нашу жизнь в бездейственном и бессмысленном, неопределенно-долгом *ожидании*? Старшее поколение русских людей уже начинает свыкаться с горькой мыслью, что оно, быть может, или вообще не доживет до этого дня, или встретит его в старости, когда вся действенная жизнь будет уже в прошлом; младшее поколение начинает убеждаться по меньшей мере в том, что лучшие годы его жизни уже проходят и, может быть, без остатка пройдут в таком ожидании. И если бы мы еще могли проводить жизнь не в бессмысленно- томительном ожидании этого дня, а в действенном его подготовлении, если бы нам дана была – как это было в прежнюю эпоху – возможность революционного *действия*, а не только революционных мечтаний и словопрений! Но и эта возможность для огромного, преобладающего большинства нас отсутствует, и мы ясно видим, что многие из тех, кто считает себя обладающим этой возможностью, заблуждаются именно потому, что, отравленные этой болезнью мечтательности, просто уже разучились отличать подлинное, серьезное плодотворное *дело* от простых словопрений, от бессмысленных и ребяческих бурь в стакане воды.

Так сама судьба – или великие сверхчеловеческие силы, которые мы смутно прозреваем позади слепой судьбы, – отучают нас от этой убаюкивающей, но растлевающей болезни мечтательного перенесения вопроса о жизни и ее смысле в неопределенную даль будущего, от трусливой обманчивой надежды, что кто-то или что-то во внешнем мире решит его за нас. Теперь уже большинство из нас если не ясно сознает, то по меньшей мере смутно чувствует, что вопрос о чаемом возрождении родины и связанном с ним улучшении судьбы каждого из нас совсем не конкурирует с вопросом о том, как и для чего нам жить сегодня – в том *сегодня*, которое растягивается на долгие годы и может затянуться и на всю нашу жизнь, – а тем самым с вопросом о вечном и абсолютном смысле жизни как таковой, – совсем не заслоняет собой этого, как мы ясно ощущаем, все же важнейшего и самого насущного вопроса. Более того: ведь этот чаемый «*день*» грядущего не сам же собою перестроит заново всю русскую жизнь и создаст более разумные ее условия. Ведь это должны будут совершить сами русские люди, *в том числе каждый из нас*. А что если в томительном ожидании мы растеряем весь запас наших духовных сил, если к тому времени, бесполезно истратив нашу жизнь на бессмысленное томление и бесцельное прозябание, мы уже потеряем ясные представления о добре и зле, о желанном и недостойном образе жизни? Можно ли обновить общую жизнь, не зная, *для себя самого*, для чего ты вообще живешь и какой вечный, объективный смысл имеет жизнь в ее целом? Не видим ли мы уже теперь, как многие русские люди, потеряв надежду на разрешение этого вопроса, либо тупеют и духовно замирают в будничных заботах о куске хлеба, либо кончают жизнь самоубийством, либо, наконец, нравственно умирают, от отчаяния становясь прожигателями жизни, идя на преступления и нравственное разложение ради самозабвения в буйных наслаждениях, пошлость и эфемерность которых сознает сама их охлажденная душа?

Нет, от вопроса о смысле жизни нам – именно нам, в нашем нынешнем положении и духовном состоянии – никуда не уйти, и тщетны надежды подменить его какими-либо суррогатами, заморить сосущего внутри червя сомнения какими-либо иллюзорными делами и мыслями. Именно наше время таково – об этом мы говорили в книжке «Крушение кумиров», – что все кумиры, соблазнявшие и слепившие нас прежде, рушатся один за другим, изобличенные в своей лжи, все украшающие и затуманившие завесы над жизнью ниспадают, все иллюзии гибнут сами собой. Остается жизнь, сама жизнь во всей своей неприглядной наготе, со всей своей тягостностью и бессмысленностью – жизнь, равносильная смерти и небытию, но чуждая покоя и забвения небытия. Та, на Синайских высотах поставленная Богом, через древний Израиль, всем людям и навеки задача: «жизнь и смерть предложил я тебе, благословение и проклятие: избери жизнь, дабы жил ты и потомство твое», – эта задача научиться отличить истинную жизнь от жизни, которая есть смерть, – понять тот смысл жизни, который впервые вообще делает жизнь жизнью, то Слово Божие, которое есть истинный, насыщающий нас хлеб жизни, – эта задача именно в наши дни великих катастроф, великой кары Божией, в силу которой разодраны все завесы и все мы снова «впали в руки Бога живого», стоит перед нами с такой неотвязностью, с такой неумолимо-грозной очевидностью, что никто, раз ощутивший ее, не может уклониться от обязанности ее разрешения.

2. «ЧТО ДЕЛАТЬ?»

Издавна – свидетельство тому заглавие известного, когда-то прогремевшего романа Чернышевского – русский интеллигент привык вопрос о «смысле жизни» ставить в форме вопроса «что делать?».

Вопрос «что делать?» может ставиться, конечно, в весьма различных смыслах. Наиболее определенный и разумный смысл – можно сказать, единственный вполне разумный смысл, допускающий точный ответ, – он имеет, когда под ним подразумевается отыскание *пути* или *средства* к какой-либо уже заранее признанной и бесспорной для вопрошающего цели. Можно спрашивать, что нужно делать, чтобы поправить свое здоровье, или чтобы получить заработок, обеспечивающий жизнь, или чтобы иметь успех в обществе и т.п. И притом наиболее плодотворна постановка вопроса, когда она обладает максимальной конкретностью; тогда на нее часто может следовать один-единственный и вполне обоснованный ответ. Так, конечно, вместо общего вопроса «что делать, чтобы быть здоровым?» плодотворнее поставить вопрос так, как мы его ставим на консультации у врача: «что нужно делать мне в моем возрасте, при таком-то моем прошлом, при таком-то образе жизни и общем состоянии организма, чтобы вылечиться от такого-то определенного недуга?» И по этому образцу надлежало бы формулировать все аналогичные вопросы. Легче найти ответ, и ответ будет более точным, если вопрос о средствах достижения здоровья, материального благополучия, успеха в любви и т.п. ставится в форме совершенно конкретной, в которой учтены и все частные, индивидуальные свойства самого вопрошающего, и окружающая обстановка, и если – главное – сама цель его стремления есть не нечто неопределенно-общее, вроде здоровья или богатства *вообще*, а нечто вполне конкретное – излечение данной болезни, заработок по определенной профессии и т.п. Такие вопросы: «что мне делать в данном случае, чтобы достигнуть данной конкретной цели», мы, собственно, ставим себе ежедневно, и каждый шаг нашей практической жизни есть итог разрешения одного из них. Нет никакого основания обсуждать смысл и законность вопроса «что делать?» в такой совершенно конкретной и вместе с тем рассудочно-деловой его форме.

Но, конечно, *этот* смысл вопроса не имеет ничего, кроме словесного выражения, общего с тем мучительным, требующим принципиального разрешения и вместе с тем по большей части не находящим его значением, в котором этот вопрос ставится тогда, когда он для самого вопрошающего тождествен с вопросом о смысле его жизни. Тогда это есть прежде всего вопрос не о средстве к достижению определенной цели, а вопрос о самой цели жизни и деятельности. Но и в такой постановке вопрос может опять-таки ставиться в разных и притом существенно отличных друг от друга смыслах. Так, в молодом возрасте неизбежно ставится вопрос о выборе того или иного жизненного пути из многих открывающихся здесь возможностей. «Что мне делать?» значит тогда: какую специальную жизненную работу, какую профессию мне избрать, или как мне правильно определить мое призвание. «Что мне делать?» – под этим подразумеваются здесь вопросы такого порядка: «поступить ли мне, напр., в высшее учебное заведение или сразу стать деятелем практической жизни, научиться ремеслу, начать торговать, поступить на службу? И в первом случае – на какой «факультет» мне поступить? Готовить ли себя к деятельности врача, или инженера, или агронома и т.п.?» Конечно, правильный и точный ответ на этот вопрос возможен и здесь только при учете всех конкретных условий как самого вопрошающего лица (его склонностей и способностей, его здоровья, силы его воли т.п.), так и внешних условий его жизни (его материальной обеспеченности, сравнительной трудности – в данной стране и в данное время – каждого из различных путей, относительной выгодности той или иной профессии, опять-таки в данное время в данном месте и т.п.). Но главное – даже только принципиальная возможность определенного и верного ответа на вопрос дана лишь в случае, если вопрошающему уже ясна последняя цель его стремлений, высшая и важнейшая для него ценность жизни. Он должен прежде всего проверить себя и решить про себя, что ему важнее всего при этом выборе, какими, собственно, мотивами он руководится – ищет ли он при выборе профессии и жизненного пути прежде всего материальной обеспеченности, или славы и видного общественного положения, или удовлетворения внутренних – и в таком случае каких именно – запросов своей личности. Так обнаруживается, что и здесь мы лишь кажущимся образом решаем вопрос о цели нашей жизни, а на самом деле обсуждаем лишь разные средства или пути к какой-то цели, которая либо уже известна, либо должна быть нам известна; и, следовательно, вопросы такого порядка отходят также в качестве чисто деловых и рассудочных вопросов о средствах к определенной цели, и разряду вопросов, упомянутых выше, хотя здесь дело идет не о целесообразности отдельного, единичного шага или действия, а о целесообразности общего определения постоянных условий и постоянного круга жизни и деятельности.

В точном смысле вопрос «что мне делать?» со значением «к чему мне стремиться?», «какую жизненную цель себе поставить?» поднимается тогда, когда вопрошающему неявно само содержание высшей, последней, все остальное определяющей цели и ценности жизни. Но и тут еще возможны весьма существенные различия в смысле вопроса. При всякой *индивидуальной* постановке вопроса: о средствах к определенной цели, к разряду вопросов, «что *мне*, NN, лично делать, какую цель или ценность я должен избрать для себя в качестве определяющей мою жизнь?» молчаливо допускается, что есть некая сложная иерархия целей и ценностей и соответствующая ей прирожденная иерархия личностей; и дело идет о том, чтобы каждый (и прежде всего я) попал на надлежащее место в этой системе, отыскал в этом многоголосом хоре соответствующий *своей* личности правильный голос. Вопрос в этом случае сводится к вопросу самопознания, к уяснению того, к чему я собственно призван, какую роль в мировом целом предназначила именно *мне* природа или Провидение. Вне сомнения, здесь остается наличие самой иерархии целей или ценностей и общее представление об ее содержании *в целом*.

Только теперь мы подошли путем отклонения всех иных смыслов вопроса «что делать?» к тому его значению, в котором он непосредственно скрывает в себе вопрос о смысле жизни. Когда я ставлю вопрос не о том, что *мне лично* делать (хотя бы в высшем, только что указанном смысле – какую из жизненных целей или ценностей признать для себя определяющей и главнейшей), а о том, что [мне] нужно делать *вообще*, или всем людям, то я подразумеваю недоумение, непосредственно связанное с вопросом о смысле жизни. Жизнь так, как она непосредственно течет, определяемая стихийными силами, бессмысленна; что нужно сделать, как наладить жизнь, чтобы она стала *осмысленной*, – вот к чему здесь сводится недоумение. Каково то единственное, общее для всех людей дело, которым осмысляется жизнь и через участие в котором, следовательно, впервые приобретает смысл и моя жизнь?

К этому и сводится типично-русский смысл вопроса «что делать?». Еще точнее он значит; «что делать мне и другим – чтобы *спасти мир и тем впервые оправдать свою жизнь*? В основе этого вопроса лежит ряд предпосылок, которые мы могли бы выразить примерно так: мир в его непосредственном, эмпирическом бытии и течении бессмыслен; он погибает от страданий, лишений, нравственного зла – эгоизма, ненависти, несправедливости; всякое простое участие в жизни мира, в смысле простого вхождения в состав стихийных сил, столкновением которых определяется его течение, есть соучастие в бессмысленном хаосе, в силу чего и собственная жизнь участника есть лишь бессмысленный набор слепых и тягостных внешних случайностей; но человек призван сообща *преобразить* мир и *спасти* его, устроить его так, чтобы высшая его цель была действительно осуществлена в нем. И вопрос заключается в том, как найти то *дело* (дело, общее всем людям), которое осуществит спасение мира. Словом, «что делать» значит здесь: «как переделать мир, чтобы осуществить в нем абсолютную правду и абсолютный смысл?»

Русский человек страдает от бессмыслицы жизни. Он остро чувствует, что, если он просто «живет как все» – ест, пьет, женится, трудится для пропитания семьи, даже веселится обычными земными радостями, он живет в туманном, бессмысленном водовороте, как щепка уносится течением времени, и перед лицом неизбежного конца жизни не знает, для чего он жил на свете. Он всем существом своим ощущает, что нужно не «просто жить», а жить *для чего-то*. Но именно типичный русский интеллигент думает, что «жить для чего-то» значит для соучастия в каком-то великом общем деле, которое совершенствует мир и ведет его к конечному спасению. Он только не знает, в чем же заключается это единственное, общее всем людям дело, и в *этом смысле* спрашивает: «что делать?»

Для огромного большинства русских интеллигентов прошлой эпохи – начиная с 60-х, отчасти даже с 40-х годов прошлого века вплоть до катастрофы 1917 года – вопрос: «что делать?» в этом смысле получил один, вполне определенный ответ: улучшать политические и социальные условия жизни народа, устранить тот социально-политический строй, от несовершенств которого гибнет мир, и вводить новый строй, обеспечивающий царство правды и счастия на земле и тем вносящий в жизнь истинный смысл. И значительная часть русских людей этого типа твердо верила, что с революционным крушением старого порядка и водворением нового, демократического и социалистического порядка эта цель жизни сразу и навсегда будет достигнута. Добивались этой цели с величайшей настойчивостью, страстностью и самоотверженностью, без оглядки калечили и свою, и чужую жизнь – и *добились*! И когда цель была достигнута, старые порядки низвергнуты, социализм твердо осуществлен, тогда оказалось, что не только мир не был спасен, не только жизнь не стала осмысленной, но на место прежней, хотя с абсолютной точки зрения бессмысленной, но относительно налаженной и устроенной жизни, которая давала по крайней мере возможность *искать* лучшего, наступила полная и совершенная бессмыслица, хаос крови, ненависти, зла и нелепости – жизнь как сущий ад. Теперь многие, в полной аналогии с прошлым и только переменив содержание политического идеала, веруют, что спасение мира – в «свержении большевиков», в водворении старых общественных форм, которые теперь, после их потери, представляются глубоко осмысленными, возвращающими жизни ее утраченный смысл; борьба за восстановление прошлых форм жизни – будь то недавнее прошлое политического могущества русской Империи, будь то давнее прошлое, идеал «Святой Руси», как он мнится осуществленным в эпоху московского царства, – или, вообще и шире говоря, – осуществление каких-то освященных давними традициями – разумных общественно-политических форм жизни, становится единственным делом, осмысляющим жизнь общим ответом на вопрос: «что делать?»

Наряду с этим русским духовным типом есть и другой, по существу, однако, ему родственный. Для него вопрос «что делать» получает ответ: «нравственно совершенствоваться». Мир можно и должно спасти, его бессмысленность – заменить осмысленностью, если каждый человек будет стараться жить не слепыми страстями, а «разумно», в согласии с нравственным идеалом. Типичным образцом такого умонастроения является *толстовство*, которое частично и бессознательно исповедуют или к которому склоняются многие русские люди и за пределами собственно «толстовцев». «Дело», которое здесь должно спасти мир, есть уже не внешнее политическое и общественное делание, тем менее – насильственная революционная деятельность, а внутренняя воспитательная работа над самим собой и другими. Но непосредственная цель ее – та же: внесение в мир нового общего порядка, новых отношений между людьми и способов жизни, которые «спасают» мир; и часто эти порядки мыслятся с содержанием чисто внешне-эмпирическим: вегетарианство, земледельческий труд и т.п. Но и при самом глубоком и тонком понимании этого «дела» именно как внутренней работы нравственного совершенствования общие предпосылки умонастроения те же: дело остается именно «делом», т.е. по человеческому замыслу и человеческим силам осуществляемая планомерная мировая реформа, освобождающая мир от зла и тем осмысливающая жизнь.

Можно было бы указать еще на некоторые иные, возможные и реально встречающиеся варианты этого умонастроения, но для нашей цели это несущественно. Нам важно здесь не рассмотрение и решение вопроса «что делать?» в намеченном здесь его смысле, не оценка разных возможных *ответов* на него, а уяснение смысла и ценности самой постановки вопроса. А в ней все различные варианты ответов сходятся. В основе их всех лежит непосредственное убеждение, что есть такое единое великое общее *дело*, которое спасет мир и соучастие в котором впервые дарует смысл жизни личности. В какой мере можно признать такую постановку вопроса правильным путем к обретению смысла жизни?

В основе ее, несмотря на всю ее извращенность и духовную недостаточность (к уяснению которой мы сейчас и обратимся), несомненно, лежит глубокое и верное, хотя и смутное, религиозное чувство. Бессознательными корнями своими она соединена с христианской надеждой «нового неба и новой земли». Она правильно сознает факт бессмысленности жизни в ее нынешнем состоянии и праведно не может с ним примириться; несмотря на эту фактическую бессмысленность, она, веруя в возможность обрести смысл жизни или осуществить его, тем самым свидетельствует о своей, хотя и бессознательной, вере в начала и силы высшие, чем эта бессмысленная эмпирическая жизнь. Но, не отдавая себе отчета в своих необходимых предпосылках, она в своих сознательных верованиях содержит ряд противоречий и ведет к существенному искажению здравого, подлинно обоснованного отношения к жизни.

Прежде всего эта вера в смысл жизни, обретаемый через соучастие в великом общем деле, долженствующем спасти мир, необоснованна. В самом деле, на чем основано здесь убеждение в *возможности* спасения мира? Если жизнь так, как она непосредственно есть, насквозь бессмысленна, то откуда в ней могут взяться силы для внутреннего самоисправления, для уничтожения этой бессмысленности? Очевидно, что в совокупности сил, участвующих в осуществлении мирового спасения, это умонастроение предполагает какое-то новое, иное, постороннее эмпирической природе жизни начало, которое вторгается в нее и ее исправляет. Но откуда может взяться это начало и какова его собственная сущность? Это начало есть здесь – осознанно и бессознательно – *человек*, его стремления к совершенству, к идеалу, живущие в нем нравственные силы добра; в лице этого умонастроения мы имеем дело с явным или скрытым *гуманизмом*. Но что такое человек и какое значение он имеет в мире? Чем обеспечена возможность человеческого прогресса, постепенного – а может быть, и внезапного – достижения им совершенства? В чем гарантии, что человеческие представления о добре и совершенстве *истинны* и что определенные этими представлениями нравственные усилия восторжествуют над всеми силами зла, хаоса и слепых страстей? Не забудем, что человечество в течение всей своей истории стремилось к этому совершенству, со страстью отдавалось мечте о нем, и в известной мере вся его история есть не что иное, как искание этого совершенства; и все же теперь мы видим, что это искание было слепым блужданием, что оно доселе не удалось и непосредственная стихийная жизнь во всей ее бессмысленности оказалась непобежденной. Какая же может быть у нас уверенность в том, что именно *мы* окажемся счастливее или умнее всех наших предков, что мы правильно определим дело, спасающее жизнь, и будем иметь удачу в его осуществлении? Особенно наша эпоха, после разительной трагической неудачи заветных стремлений многих русских поколений спасти Россию, а через нее и весь мир, с помощью демократической революции и социализма, получила такой внушительный урок в этом отношении, что, казалось бы, отныне нам естественно стать более осторожными и скептическими в построении и осуществлении планов спасения мира. Да и при том самые причины этого трагического крушения наших прошлых мечтаний нам теперь, при желании внимательно вдуматься в них, вполне ясны: они заключаются не только в ошибочности самого намеченного *плана* спасения, а прежде всего в непригодности самого человеческого материала «спасителей» (будь то вожди движения или уверовавшие в них народные массы, принявшиеся осуществлять воображаемую правду и истреблять зло): эти «спасители», как мы теперь видим, безмерно преувеличивали в своей слепой ненависти зло прошлого, зло всей эмпирической, уже осуществленной, окружавшей их жизни и столь же безмерно преувеличивали в своей слепой гордыне свои собственные умственные и нравственные силы; да и сама ошибочность намеченного ими плана спасения проистекала в конечном счете из этой *нравственной* их слепоты. Гордые спасители мира, противопоставлявшие себя и свои стремления как высшее разумное и благое начало злу и хаосу всей реальной жизни, оказались сами проявлением и продуктом — и притом одним из самых худших — этой самой злой и хаотической русской действительности; все накопившееся в русской жизни зло — ненависть и невнимание к людям, горечь обиды, легкомыслие и нравственная распущенность, невежество и легковерие, дух отвратительного самодурства, неуважение к праву и правде — сказались именно в *них самих*, мнивших себя высшими, как бы из иного мира пришедшими спасителями России от зла и страданий. Какие же гарантии мы имеем теперь, что мы опять не окажемся в жалкой и трагической роли спасителей, которые сами безнадежно пленены и отравлены тем злом и той бессмыслицей, от которых они хотят спасать других. Но и независимо от этого страшного урока, который, казалось бы, должен был научить нас какой-то существенной реформе не только в *содержании* нашего нравственно-общественного идеала, но и в самом *строении* нашего нравственного отношения к жизни, — простое требование логической последовательности мыслей вынуждает нас искать ответа на вопрос: на чем основана наша вера в разумность и победоносность сил, побеждающих бессмысленность жизни, если эти силы сами принадлежат к составу этой же жизни? Или, иначе говоря: можно ли верить, что сама жизнь, полная зла, каким-то внутренним процессом самоочищения и самоопределения, с помощью сил, растущих из нее самой, спасет себя, что мировая бессмыслица в лице человека победит сама себя и насадит в себе царство истины и смысла?

Но оставим даже пока в стороне этот тревожный вопрос, явно требующий отрицательного ответа. Допустим, что мечта о всеобщем спасении, об установлении в мире царства добра, разума и правды осуществима человеческими силами и что мы можем уже теперь участвовать в его подготовлении. Тогда возникает вопрос: освобождает ли нас от бессмысленности жизни, дарует ли нашей жизни смысл грядущее наступление этого идеала и наше участие в его осуществлении? Некогда в будущем – все равно, отдаленном или близком, – все люди будут счастливы, добры и разумны; ну, а весь неисчислимый ряд людских поколений, уже сошедших в могилу, и мы сами, живущие теперь, до наступления этого состояния, – для чего все они жили или живут? Для подготовки этого грядущего блаженства? Пусть так. Но ведь они сами уже не будут его участниками, их жизнь прошла или проходит без непосредственного соучастия в нем – чем же она оправдана или осмыслена? Неужели можно признать осмысленной роль навоза, служащего для удобрения и тем содействующего будущему урожаю? Человек, употребляющий навоз для этой цели, *для себя*, конечно, поступает осмысленно, но человек *в роли навоза* вряд ли может чувствовать себя удовлетворенным и свое бытие осмысленным. Ведь если мы верим в смысл нашей жизни или хотим его обрести, то это во всяком случае означает – к чему мы еще вернемся подробнее ниже, – что мы предполагаем найти в нашей жизни какую-то *ей самой* присущую абсолютную цель или ценность, а не только средство для чего-то другого. Жизнь подъяремного раба, конечно, осмысленна для рабовладельца, который употребляет его как рабочий скот, как орудие своего обогащения; но, *как жизнь*, для самого раба, носителя и субъекта живого самосознания, она, очевидно, абсолютно бессмысленна, ибо целиком отдана служению цели, которая сама в состав этой жизни не входит и в ней не участвует. И если природа или мировая история употребляет нас как рабов для накопления богатства ее избранников – грядущих человеческих поколений, то и наша собственная жизнь также лишена смысла.

Нигилист Базаров в тургеневском романе «Отцы и дети» вполне последовательно говорит: «Какое мне дело до того, что мужик будет счастлив, когда из меня самого будет лопух расти?» Но мало того, что *наша* жизнь остается при этом бессмысленной — хотя, конечно, для нас это и есть самое главное; но и вся жизнь в целом, *а потому даже и жизнь самих грядущих участников блаженства «спасенного» мира* тоже остается в силу этого бессмысленной, и мир совсем не «спасается» этим торжеством, когда-то в будущем, идеального состояния. Есть какая-то чудовищная несправедливость, с которой совесть и разум не может примириться, в таком неравномерном распределении добра и зла, разума и бессмыслицы, между живыми участниками разных мировых эпох, — несправедливость, которая делает бессмысленной жизнь как целое. Почему одни должны страдать и умирать во тьме, а другие, их грядущие преемники, наслаждаться светом добра и счастья? *Для чего* мир так *бессмысленно* устроен, что осуществлению правды должен предшествовать в нем долгий период неправды и неисчислимое множество людей обречены всю свою жизнь проводить в этом чистилище, в этом утомительно долгом «приготовительном классе» человечества? Пока мы не ответим на этот вопрос — *для чего*?, мир остается бессмысленным, а потому бессмысленно и само грядущее его блаженство. Да оно и будет блаженством разве только для тех его участников, которые слепы, как животные, и могут наслаждаться настоящим, забыв о своей связи с прошлым, — так же, как и сейчас могут наслаждаться люди-животные; для мыслящих же существ именно поэтому оно не будет блаженством, так как будет отравлено неутолимой скорбью о прошлом зле и прошлых страданиях неразрешимым недоумением об их смысле.

Так неумолимо стоит дилемма. Одно из двух: или жизнь в целом *имеет смысл* — тогда она должна иметь его в каждое свое мгновение, для поколения людей и для каждого живого человека, сейчас, теперь же — совершенно независимо от всех возможных ее изменений и предполагаемого ее совершенствования в будущем, посколько это будущее есть *только* будущее и вся прошлая и настоящая жизнь в нем не участвует; или же этого нет, и жизнь, наша нынешняя жизнь, бессмысленна, – и тогда нет спасения от бессмыслицы, и все грядущее блаженство мира не искупает и не в силах искупить ее; а потому от нее не спасает и наша собственная устремленность на это будущее, наше мысленное предвкушение его и действенное соучастие в его осуществлении.

Другими словами: мысля о жизни и ее чаемом смысле, мы неизбежно должны сознавать жизнь как *единое целое*. Вся мировая жизнь в целом и наша собственная краткая жизнь – не как случайный отрывок, а как нечто, несмотря на свою краткость и отрывочность, слитое в единство со всей мировой жизнью, – это двуединство моего «я» и мира должно сознаваться как вневременное и всеобъемлющее целое, и об этом целом мы спрашиваем: имеет ли оно «смысл» и в чем его смысл? Поэтому мировой смысл, смысл жизни, никогда не может быть ни осуществлен во времени, ни вообще приурочен к какому-либо времени. Он или *есть* – раз навсегда! или уже его *нет* – и тогда тоже – раз навсегда!

И теперь мы приведены назад, к нашему первому сомнению об осуществимости спасения мира человеком, и можем слить его со вторым в один общий отрицательный итог. *Мир не может сам себя переделать*, он не может, так сказать, вылезть из своей собственной шкуры или – как барон Мюнхгаузен – самого себя вытащить за волосы из болота, которое вдобавок здесь принадлежит к нему самому, так что он тонет в болоте только потому, что болото это таится в нем самом. И потому человек, как часть и соучастник мировой жизни, не может сделать никакого такого «*дела*», которое спасало бы его и придало смысл его жизни. «Смысл жизни» – есть ли он в действительности, или его нет – должен мыслиться во всяком случае как некое *вечное* начало; все, что совершается во времени, все, что возникает и исчезает, будучи частью и отрывком жизни как целого, тем самым никак не может обосновать ее смысла. Всякое дело, которое делает человек, есть нечто производное от человека, его жизни, его духовной природы; *смысл* же человеческой жизни во всяком случае должен быть чем-то, на что человек опирается, что служит единой, неизменной, абсолютно прочной *основой* его бытия. Все дела человека и человечества – и те, которые он сам считает великими, и то, в котором он усматривает единственное и величайшее свое дело, – ничтожны и суетны, если он сам ничтожен, если его жизнь по существу не имеет смысла, если он не укоренен в некой превышающей его и не им сотворенной разумной почве. И потому, хотя смысл жизни – если он есть! – и осмысливает человеческие дела, и может вдохновлять человека на истинно великие дела, но, наоборот, никакое дело не может осмыслить само по себе человеческой жизни. Искать недостающего смысла жизни в каком-либо *деле*, в свершении чего-то, значит впадать в иллюзию, как будто человек сам может сотворить смысл жизни своей, безмерно преувеличивать значение какого-либо по необходимости частного и ограниченного, по существу всегда бессильного человеческого дела. Фактически это значит трусливо и недосмысленно прятаться от сознания бессмысленности жизни, топить это сознание в суете по существу столь же бессмысленных забот и хлопот. Хлопочет ли человек о богатстве, славе, любви, о куске хлеба для себя самого на завтрашний день, или он хлопочет о счастии и спасении всего человечества – его жизнь одинаково бессмысленна; только в последнем случае к общей бессмысленности присоединяется еще лживая иллюзия, искусственный самообман. Чтобы *искать* смысл жизни – не говоря уже о том, чтобы найти его, – надо прежде всего остановиться, сосредоточиться и ни о чем не «хлопотать». Вопреки всем ходячим оценкам и человеческим мнениям, *неделание* здесь действительно важнее самого важного и благотворного дела, ибо неослепленность никаким человеческим делом, свобода от него есть первое (хотя и далеко не достаточное) условие для искания смысла жизни.

Так мы видим, что замена вопроса о смысле жизни вопросом «что делать, чтобы спасти мир и тем осмыслить свою жизнь?» содержит в себе недопустимый подмен первичного, в самом существе человека коренящегося искания незыблемой почвы для своей жизни – основанным на гордыне и иллюзии стремлением переделать жизнь и собственными человеческими силами придать ей смысл. На основной, недоуменный и тоскующий вопрос этого умонастроения: «когда же наступит настоящий день, день торжества правды и разума на земле, день окончательной гибели всяческого земного нестроения, хаоса и бессмыслицы» – и для трезвой жизненной мудрости, прямо глядящей на мир и отдающей точный отчет в его эмпирической природе, и для глубокого и осмысленного религиозного сознания, понимающего невместимость духовных глубин бытия в пределы эмпирической земной жизни, – есть только один трезвый, спокойный и разумный ответ, разрушающий всю незрелую мечтательность и романтическую чувствительность самого вопроса: «в пределах *этого* мира – до чаемого его сверхмирного преображения – *никогда*». Что бы ни совершал человек и чего бы ему ни удавалось добиться, какие бы технические, социальные, умственные усовершенствования он ни вносил в свою жизнь, но принципиально, перед лицом вопроса о смысле жизни, завтрашний и послезавтрашний день *ничем* не будет отличаться от вчерашнего и сегодняшнего. Всегда в этом мире будет царить бессмысленная случайность, всегда человек будет бессильной былинкой, которую может загубить и земной зной, и земная буря, всегда его жизнь будет кратким отрывком, в который не вместить чаемой и осмысляющей жизнь духовной полноты, и всегда зло, глупость и слепая страсть будут царить на земле. И на вопросы: «что делать, чтобы прекратить это состояние, чтобы переделать мир на лучший лад» – ближайшим образом есть тоже только один спокойный и разумный ответ: «*ничего* – потому что этот замысел превышает человеческие силы».

Только тогда, когда сознаешь с полной отчетливостью и осмысленностью очевидность этого ответа, сам вопрос «что делать?» меняет свой смысл и приобретает новое, отныне уже правомерное значение. «Что делать» значит тогда уже не: «как мне переделать мир, чтобы его спасти», а: «*как мне самому жить*, чтобы не утонуть и не погибнуть в этом хаосе жизни». Иначе говоря, единственная религиозно оправданная и неиллюзорная постановка вопроса «что делать?» сводится не к вопросу о том, как мне спасти мир, а к вопросу, как мне приобщиться к началу, в котором – залог спасения жизни. Заслуживает внимания, что в Евангелии не раз ставится вопрос «что делать?» именно в этом последнем смысле. И ответы, на него даваемые, постоянно подчеркивают, что «дело», которое здесь может привести к цели, не имеет ничего общего с какой-либо «деятельностью», с какими-либо внешними человеческими делами, а сводится всецело к «делу» внутреннего перерождения человека через самоотречение, покаяние и веру. Так, в Деяниях Апостольских передается, что в Иерусалиме, в день Пятидесятницы, иудеи, выслушав боговдохновенную речь апостола Петра, «сказали Петру и прочим апостолам: *что нам делать*, мужи-братия?» Петр же им сказал: «покайтесь, и да крестится каждый из вас во имя Иисуса Христа для прощения грехов; и получите дары Святого Духа» (Деян.11,37–38). Покаяние и крещение и как плод его – обретение дара Святого Духа определяется здесь как единственное необходимое человеческое «дело». А что это «дело» действительно достигло своей цели, спасало совершивших его, об этом повествуется тотчас же далее: «и так, охотно принявшие слово его крестились... И они постоянно пребывали в учении Апостолов, в общении и преломлении хлеба и в молитвах... Все же верующие были вместе и имели все общее... И каждый день единодушно пребывали в храме и, преломляя по домам хлеб, принимали пищу *в веселии и простоте сердца, хваля Бога и находясь в любви у всего народа*» (Деян. 2,41 – 47). Но совершенно так же и сам Спаситель на обращенный к нему вопрос: «*что нам делать, чтобы творить дела Божии?*» дал ответ: «*Вот, дело Божие, чтобы вы веровали в того, кого Он послал*» (Иоан., VI, 28–29). На искушающий вопрос законника: «что мне делать, чтобы наследовать жизнь вечную?», Христос отвечает напоминанием о двух вечных заповедях: любви к Богу и любви к ближнему: «так поступай, и будешь жить» (Лук., X, 25–28). Любовь к Богу всем сердцем, всей душою, всей крепостью и всем разумением и вытекающая из нее любовь к ближнему — вот единственное «дело», спасающее жизнь. Богатому юноше на тот же вопрос: «что мне делать, чтобы наследовать жизнь вечную?» — Христос, напомнив сначала о заповедях, запрещающих злые дела и повелевающих любовь к ближнему, говорит: «Одного тебе недостает; пойди, все, что имеешь, продай, и раздай нищим; и будешь иметь сокровище на небесах: и приходи, последуй за мною, взяв крест» (Марк, X, 17–21, ср. Матф. XIX, 16 – 21). Позволительно думать, что богатый юноша опечалился этим ответом не только потому, что ему было жаль большого имения, но и потому, что он рассчитывал получить указание на «дело», которое он мог бы совершить сам, своими силами и, быть может, с помощью своего имения, и был огорчен, узнав, что единственное заповеданное ему «дело» — иметь сокровище на небесах и следовать за Христом. Во всяком случае, и здесь Слово Божие внушительно отмечает суетность всех человеческих дел и единственное подлинное нужное человеку и спасительное для него дело усматривает в самоотречении и вере.

Итак, «что делать?» правомерно значит только: «как жить, чтобы осмыслить и через то незыблемо утвердить свою жизнь?» Другими словами, не через какое-либо особое человеческое дело преодолевается бессмысленность жизни и вносится в нее смысл, а *единственное человеческое дело только в том и состоит*, чтобы вне всяких частных, земных дел *искать и найти смысл жизни*. Но где его искать и как найти?

3. УСЛОВИЯ ВОЗМОЖНОСТИ СМЫСЛА ЖИЗНИ

Постараемся прежде всего вдуматься, что это означает, «найти смысл жизни», – точнее, *чего* мы собственно ищем, какой смысл мы вкладываем в самое понятие «смысла жизни» и при каких условиях мы почитали бы его осуществленным?

Под «смыслом» мы подразумеваем примерно то же, что «разумность». «Разумным» же, в относительном смысле, мы называем все целесообразное, все правильно ведущее к цели или помогающее ее осуществить. Разумно то поведение, которое согласовано с поставленной целью и ведет к ее осуществлению, разумно или осмысленно пользование средством, которое помогает нам достигнуть цели. Но все это только относительно разумно – именно при условии, что сама цель бесспорно разумна или осмысленна. Мы можем назвать в относительном смысле «разумным», напр., поведение человека, который умеет приспособиться к жизни, зарабатывать деньги, делать себе карьеру, – в предположении, что сам жизненный успех, богатство, высокое общественное положение мы признаем бесспорными и в этом смысле «разумными» благами. Если же мы, разочаровавшись в жизни, усмотрев ее «бессмысленность», хотя бы ввиду краткости, шаткости всех этих ее благ или ввиду того, что они не дают нашей душе истинного удовлетворения, признали спорной саму цель этих стремлений, то же поведение, будучи относительно, т.е. в отношении к *своей* цели, разумным и осмысленным, абсолютно представится нам неразумным и бессмысленным. Так ведь это и есть в отношении преобладающего содержания обычной человеческой жизни. Мы видим, что большинство людей посвящает большую часть своих сил и времени ряду вполне целесообразных действий, что они постоянно озабочены достижением каких-то целей и правильно действуют для их достижения, т.е. по большей части поступают вполне «разумно»; и вместе с тем, так как либо сами цели эти «бессмысленны», либо, по крайней мере, остается нерешенным и спорным вопрос об их «осмысленности», — вся человеческая жизнь принимает характер бессмысленного кружения, наподобие кружения белки в колесе, набора бессмысленных действий, которые неожиданно, вне всякого отношения к этим целям, ставимым человеком, и потому тоже совершенно бессмысленно, обрываются смертью.

Следовательно, условием подлинной, а не только относительной разумности жизни является не только, чтобы она разумно осуществляла какие-либо цели, но чтобы и самые цели эти, в свою очередь, были разумны.

Но что значит «разумная цель»? Средство разумно, когда оно ведет к цели. Но цель — если она есть подлинная, последняя цель, а не только средство для чего-либо иного, — уже ни к чему не ведет и потому не может расцениваться с точки зрения своей целесообразности. Она должна быть разумна в себе, как таковая. Но что это значит и как это возможно? На эту трудность — превращая ее в абсолютную неразрешимость — опирается тот софизм, с помощью которого часто доказывают, что жизнь необходимо бессмысленна или что незаконен самый вопрос о смысле жизни. Говорят: всякое действие осмысленно, когда служит цели; но цель или — что как будто-то же самое — жизнь в ее целом не имеет уже вне себя никакой цели: «жизнь для жизни мне дана». Потому либо надо раз навсегда примириться с роковой, из логики вещей вытекающей «бессмысленностью» жизни, либо же — что правильнее — надо признать, что сама постановка о смысле жизни незаконна, что этот вопрос принадлежит к числу тех, которые не находят себе разрешения просто в силу своей собственной внутренней нелепости. Вопрос о «смысле» чего-либо имеет всегда относительное значение, он предполагает «смысл» для чего-нибудь, целесообразность при достижении определенной цели. Жизнь же в целом никакой цели не имеет, и потому о «смысле» ее нельзя ставить вопроса.

Как ни убедительно на первый взгляд это рассуждение, против него прежде всего инстинктивно протестует наше сердце; мы чувствуем, что вопрос о смысле жизни – сам по себе совсем не бессмысленный вопрос, и, как бы тягостна ни была для нас его неразрешимость или неразрешенность, рассуждение о незаконности самого вопроса нас не успокаивает. Мы можем на время отмахнуться от этого вопроса, отогнать его от себя, но в следующее же мгновение не «мы» и не наш «ум» его ставит, а он сам неотвязно стоит перед нами, и душа наша, часто со смертельной мукой, вопрошает: «для чего жить?».

Очевидно, что наша жизнь, простой стихийный процесс изживания ее, пребывания на свете и сознания этого факта, вовсе не есть для нас «самоцель». Она не может быть самоцелью, во-первых, потому, что, в общем, страдания и тягости преобладают в ней над радостями и наслаждениями, и несмотря на всю силу животного инстинкта самосохранения мы часто недоумеваем, для чего же мы должны тянуть эту тяжелую лямку. Но и независимо от этого, она не может быть самоцелью и потому, что жизнь, по самому своему существу, есть не неподвижное пребывание в себе, самодовлеющий покой, а делание чего-то или стремление к чему-то; миг, в который мы свободны от всякого дела или стремления, мы испытываем как мучительно-тоскливое состояние пустоты и неудовлетворенности. Мы не можем жить для жизни; мы всегда – хотим ли мы того или нет – живем для чего-то. Но только в большинстве случаев это «что-то», будучи целью, к которой мы стремимся, по своему содержанию есть, в свою очередь, средство, и притом средство для сохранения жизни. Отсюда получается тот мучительный заколдованный круг, который острее всего дает нам чувствовать бессмысленность жизни и порождает тоску по ее осмыслению: мы живем, чтобы трудиться над чем-то, стремиться к чему-то, а трудимся, заботимся и стремимся – для того, чтобы жить. И, измученные этим кружением в беличьем колесе, мы ищем «смысла жизни» – мы ищем стремления и дела, которое не было бы направлено на простое сохранение жизни, и жизни, которая не тратилась бы на тяжкий труд ее же сохранения.

Мы возвращаемся, таким образом, назад к поставленному вопросу. Жизнь наша осмысленна, когда она служит какой-то разумной цели, содержанием которой никак не может быть просто сама эта эмпирическая жизнь. Но в чем же ее содержание, и прежде всего при каких условиях мы можем признать конечную цель «разумной»?

Если разумность ее состоит не в том, что она есть средство для чего-либо иного – иначе она не была бы подлинной, конечной целью, – то она может заключаться лишь в том, что эта цель есть такая бесспорная, самодовлеющая ценность, о которой уже бессмысленно ставить вопрос: « для чего?». Чтобы быть осмысленной, наша жизнь – вопреки уверениям поклонников «жизни для жизни» и в согласии с явным требованием нашей души – должна быть *служением высшему и абсолютному благу*.

Но этого мало. Мы видели, что в сфере относительной «разумности» возможны и часто встречаются случаи, когда что-либо осмысленно с точки зрения третьего лица, но не для самого себя (как приведенный пример рабского труда осмыслен для рабовладельца, но не для самого раба). То же мыслимо в сфере абсолютной разумности. Если бы наша жизнь была отдана служению хотя бы высшему и абсолютному благу, которое, однако, не было бы благом для нас или в котором мы сами не участвовали бы, то *для нас* она все же оставалась бы бессмысленной. Мы уже видели, как бессмысленна жизнь, посвященная благу грядущих поколений; но тут еще можно сказать, что бессмысленность эта определена относительностью, ограниченностью или спорностью самой цели. Но возьмем, например, философскую этику Гегеля. В ней человеческая жизнь должна обретать смысл как проявление и орудие саморазвития и самопознания абсолютного духа; но известно, на какие моральные трудности наталкивается это построение. Наш Белинский, который, ознакомившись с философией Гегеля, воскликнул в негодовании: «так это я, значит, не *для себя самого* познаю и живу, а для развития какого-то абсолютного духа. Стану я для него трудиться!»[2] – был, конечно, по существу совершенно прав. Жизнь осмысленна, когда она, будучи служением абсолютному и высшему благу, есть вместе с тем не потеря, а утверждение и обогащение самой себя – когда она есть служение абсолютному благу, которое есть благо и для меня самого. Или, иначе говоря: абсолютным в смысле совершенной бесспорности мы можем признать только такое *благо*, которое есть одновременно и *самодовлеющее*, превышающее все мои личные интересы *благо*, и *благо для меня*. Оно должно быть одновременно благом и в объективном, и в субъективном смысле – и высшей ценностью, к которой мы стремимся ради нее самой, и ценностью, пополняющей, обогащающей меня самого.

Но как осуществимо это двойное условие, и не содержит ли оно в себе внутреннего противоречия? Под благом в объективном смысле мы разумеем самодовлеющую ценность или самоцель, которая уже ничему иному не служит и стремление к которой оправдано именно ее внутренним достоинством; под благом в субъективном смысле мы разумеем, наоборот, нечто приятное, нужное, полезное *нам*, т.е. нечто служебное в отношении нас самих и наших субъективных потребностей, и потому имеющее значение, очевидно, не высшей цели, а средства для нашего благосостояния. Очевидно, однако, что если мы можем найти удовлетворение только в благе, сочетающем эти разнородные и как будто противоречивые черты, то мы подразумеваем под ним нечто по крайней мере мыслимое и в этом смысле возможное. Когда мы о нем мечтаем, когда мы конкретно его воображаем, это отвлеченное противоречие нисколько нам не мешает и мы его совсем не замечаем; очевидно, ошибка заключена в самих отвлеченных определениях, с которыми мы подошли к уяснению этого понятия. Одно лишь самодовлеющее благо – благо в объективном смысле – нас не удовлетворяет; служение даже абсолютному началу, в котором я сам не участвую и которое не красит и не согревает моей собственной жизни, не может осмыслить последней. Но и одно благо в субъективном смысле – субъективное наслаждение, радость, счастье – тоже не дарует мне смысла, ибо, как мы видим, всякая, даже самая счастливая жизнь отравлена мукой вопроса «для чего?», не имеет смысла в самой себе. То, к чему мы стремимся как к подлинному условию осмысленной жизни, должно, следовательно, так совмещать оба эти начала, что они в нем *погашены* как *отдельные* начала, а дано лишь *само их единство*. Мы стремимся не к той или иной *субъективной жизни*, как бы счастлива она ни была, но и не к холодному, безжизненному объективному благу, как бы совершенно оно ни было само в себе, – мы стремимся к тому, что можно назвать *удовлетворением*, пополнением нашей душевной пустоты и тоски; мы стремимся именно к осмысленной, объективно-полной, *самодовлеюще-ценной жизни*. Вот почему никакое отдельное отвлеченное определимое благо, будь то красота, истина, гармония и т.п., не может нас удовлетворить; ибо тогда жизнь, сама жизнь как целое, и прежде всего – наша собственная жизнь, остается как бы в стороне, не объемлется всецело этим благом и не пропитывается им, а только извне, как средство, служит ему. А ведь осмыслить мы жаждем именно нашу собственную жизнь. Мы ищем, правда, и не субъективных наслаждений, бессмысленность которых мы также сознаем: но мы ищем осмысленной полноты жизни, такой блаженной удовлетворенности, которая в себе самой есть высшая, бесспорная ценность. Высшее благо, следовательно, не может быть ничем иным, кроме самой *жизни*, но не жизни как бессмысленного текучего процесса и вечного стремления к чему-то иному, а жизни как *вечного покоя блаженства*, как самознающей и самопереживающей полноты удовлетворенности в себе. В этом заключается очевидное зерно истины, только плохо понятое и извращенно выраженное, в утверждении, что жизнь есть самоцель и не имеет цели вне себя. Наша эмпирическая жизнь, с ее краткостью и отрывочностью, с ее неизбежными тяготами и нуждами, с ее присущим ей стремлением к чему-то вне ее находящемуся, очевидно, не есть самоцель и не может ею быть; наоборот, первое условие осмысленности жизни, как мы видели, состоит именно в том, чтобы мы прекратили бессмысленную погоню за самой жизнью, бессмысленную растрату ее для нее самой, а отдали бы ее служению чему-то высшему, имеющему оправдание в самом себе. Но это высшее в свою очередь должно быть жизнью, – жизнью, в которую вольется и которой всецело пропитается наша жизнь. *Жизнь в благе*, или *благая жизнь*, или *благо как жизнь* – вот цель наших стремлений. И абсолютная противоположность всякой разумной жизненной цели есть смерть, небытие. Искомое благо не может быть только «идеалом», чем-то бесплотным и конкретно не существующим, оно должно быть живым бытием, и притом таким, которое объемлет нашу жизнь и дает ей последнее удовлетворение именно потому, что оно есть выражение последнего, глубочайшего ее существа.

Конкретный пример – и более, чем пример – такого блага мы имеем в лице *любви*. Когда мы любим подлинной любовью, чего мы в ней ищем и что нас в ней удовлетворяет? Хотим ли мы только вкусить личных радостей от нее, использовать любимое существо и наше отношение к нему как средство для наших субъективных наслаждений? Это было бы развратом, а не подлинной любовью, и такое отношение прежде всего было бы само покарано душевной пустотой, холодом и тоской неудовлетворенности. Хотим ли мы отдать свою жизнь на служение любимому существу? Конечно, хотим, но не так, чтобы это служение опустошало или изнуряло нашу собственную жизнь; мы хотим служения, мы готовы на самопожертвование, даже на гибель ради любимого существа, но именно потому, что это служение, это самопожертвование и гибель не только радостны нам, но и даруют нашей жизни полноту и покой удовлетворенности. Любовь не есть холодная и пустая, эгоистическая жажда наслаждения, но любовь и не есть рабское служение, уничтожение себя для другого. Любовь есть такое преодоление нашей корыстной личной жизни, которое именно и дарует нам блаженную полноту *подлинной жизни* и тем осмысляет нашу жизнь. Понятия «объективного» и «субъективного» блага здесь равно недостаточны, чтобы выразить благо любви, оно выше того и другого: оно есть благо *жизни* через преодоление самой противоположности между «моим» и «чужим», субъективным и объективным.

И, однако, любовь к земному человеческому существу сама по себе не дает подлинного, последнего смысла жизни. Если и любящий, и любимое существо охвачены потоком времени, ввергнуты в бессмысленный круговорот жизни, ограничены во времени, то в такой любви можно временно забыться, можно иметь отблеск и иллюзорное предвкушение подлинной жизни и ее осмысленности, но нельзя достигнуть последнего, осмысляющего жизнь удовлетворения. Ясно, что высшее, абсолютное благо, наполняющее нашу жизнь, само должно быть *вечным*. Ибо как только мы помыслим в качестве него какое-либо временное состояние, будь то человеческой или мировой жизни, так возникает вопрос об его собственном смысле. Все временное, все, имеющее начало и конец, не может быть самоцелью, немыслимо как нечто самодовлеющее: либо оно нужно для чего-то иного – имеет смысл как средство, – либо же оно бессмысленно. Ведь поток времени, эта пестрая, головокружительная кинематографическая смена одних картин жизни другими, это выплывание неведомо откуда и исчезновение неведомо куда, эта охваченность беспокойством и неустойчивостью непрерывного движения и делает все на свете «суетным», бессмысленным. Само время есть как бы выражение мировой бессмысленности. Искомая нами объективно полная и обоснованная жизнь не может быть этим беспокойством, этим суетливым переходом от одного к другому, той внутренней неудовлетворенностью, которая есть как бы существо мирового течения во времени. Она должна быть *вечной жизнью*. Вечным, незыблемо в себе утвержденным, возвышающимся над временной неустойчивостью должно быть, прежде всего, то абсолютное благо, служением которому осмысливается наша жизнь. Но не только для себя оно должно быть вечным; оно должно быть таковым и для меня. Если оно для меня *только* цель, которую я достигаю или стремлюсь достигнуть в будущем, то все прошлое и настоящее моей жизни, удаленное от него, тем самым не оправдано и не осмысленно; оно должно быть такой целью, которая вместе с тем, как мы видели, есть *пребывающая основа всей моей жизни*. Я стремлюсь к нему, но не как к далекому, чуждому моему «я» постороннему предмету, а как к заложенному в моих собственных глубинах началу; только тогда моя жизнь, от начала и до конца, согрета, озарена и потому «осмыслена» им. Но даже и этого мало. Поскольку моя жизнь все-таки имеет начало и конец и в этом кратковременном длении себя исчерпывает, это вечное благо все же остается для нее недостижимым – ибо оно недостижимо именно в *своей вечности*. Я могу, правда, своей мыслью уловить ее – но мало ли что, чуждое и постороннее мне, я улавливаю своей мыслью. И если бы мысленное обладание было равносильно подлинному обладанию, то все люди были бы богатыми и счастливыми. Нет, я должен *подлинно* обладать им, и притом именно в *вечности*, иначе моя жизнь по-прежнему лишена смысла и я не соучастник осмысляющего высшего блага, и разве только мимолетно прикасаюсь к нему. Но ведь моя *собственная жизнь* должна иметь смысл; не будучи самоцелью, она все-таки в своих последних глубинах должна не только стремиться к благу, не только пользоваться им, но быть слитой с ним, быть *им самим*. Бесконечно превышая мою ограниченную эмпирическую личность и краткое временное течение ее жизни, будучи вечным, всеобъемлющим и всеозаряющим началом, оно должно вместе с тем *принадлежать мне*; и я должен *обладать* им, а не только к нему стремиться или прикасаться. Следовательно, в ином смысле, оно должно быть, как уже сказано, тождественным с моей жизнью, – не с эмпирической, временной и ограниченной ее природой, а с ее последней глубиной и сущностью. Живое благо, или благо как жизнь, должно быть *вечной жизнью*, и эта вечная жизнь должна быть моей личной жизнью. Моя жизнь может быть осмыслена, только если она обладает *вечностью*.

Вдумываясь еще глубже, мы подмечаем необходимость еще одного, дополнительного условия осмысленности жизни. Не только *фактически* я должен служить высшему благу и, пребывая в нем и пропитывая им свою жизнь, тем обретать истинную жизнь; но я должен также непрерывно разумно сознавать все это соотношение; ибо если я бессознательно участвую в этом служении, оно только бессознательно для меня обогащает меня, то я по-прежнему *сознаю* свою жизнь пребывающей во тьме бессмыслицы, не имею *сознания* осмысленной жизни, вне которого нет и самой осмысленности жизни. И притом это сознание должно быть не случайным, оно не должно как бы *извне* подходить к своему содержанию «осмысленной жизни» и быть посторонним ему началом. Наше сознание, наш «ум» – то начало в нас, в силу которого мы что-либо «знаем», само как бы требует метафизического основания, утвержденности в последней глубине бытия. Мы лишь тогда подлинно обладаем «осмысленной жизнью», когда не мы, как-то со стороны, по собственной нашей человеческой инициативе и нашими собственными усилиями, «сознаем» ее, а когда она сама сознает себя в нас. Покой и самоутвержденность последнего достижения возможны лишь в полном и совершенном единстве нашем с абсолютным благом и совершенной жизнью, а это единство есть лишь там, где мы не только согреты и обогащены, но и *озарены* совершенством. Это благо, следовательно, не только должно объективно *быть* истинным и не только восприниматься *мною* как истинное (ибо в последнем случае не исключена возможность и сомнения в нем, и забвения его), но оно само должно быть самой Истиной, самим озаряющим меня светом знания. Вся полнота значения того, что мы зовем «смыслом жизни» и что мы чаем как таковой, совсем не исчерпывается «разумностью» в смысле целесообразности или абсолютной ценности; она вместе с тем содержит и разумность как «постигнутый смысл» или *постижение* как озаряющий нас *свет знания*. Бессмысленность есть тьма и слепота; «смысл» есть свет и ясность, и осмысленность есть совершенная пронизанность жизни ясным, покойным, всеозаряющим светом. Благо, совершенная жизнь, полнота и покой удовлетворенности и свет истины есть *одно и то же*, и в нем и состоит «смысл жизни». Мы ищем в нем и абсолютно твердой основы, подлинно-насыщающего питания, и озарения, и просветления нашей жизни. В этом неразрывном единстве полноты удовлетворенности и совершенной просветленности, в этом единстве жизни и Истины и заключается искомый «смысл жизни».

Итак, жизнь становится осмысленной, поскольку она служит, и свободно и сознательно служит, абсолютному и высшему благу, которое есть вечная *жизнь*, животворящая человеческую жизнь как ее вечная основа и подлинное завершение, и есть вместе с тем абсолютная истина, свет разума, пронизывающий и озаряющий человеческую жизнь. Жизнь наша осмысляется, поскольку она есть разумный путь к цели, или путь к разумной высшей цели, иначе она есть бессмысленное блуждание. Но таким истинным путем для нашей жизни может быть лишь то, что вместе с тем само есть и жизнь и Истина. «Аз есм путь, истина и жизнь».

И теперь мы можем подвести краткий итог нашим размышлениям. Для того чтобы жизнь имела смысл, необходимы два условия: *существование Бога* и наша собственная причастность ему, достижимость для нас жизни *в Боге или божественной жизни*. Необходимо прежде всего, чтобы несмотря на всю бессмысленность мировой жизни, существовало общее условие ее осмысленности, чтобы последней, высшей и абсолютной основой ее был не слепой случай, не мутный, все на миг выбрасывающий наружу и все опять поглощающий хаотический поток времени, не тьма неведения, а Бог как вечная твердыня, вечная жизнь, абсолютное благо и всеобъемлющий свет разума. И необходимо, во-вторых, чтобы мы сами, несмотря на все наше бессилие, на слепоту и губительность наших страстей, на случайность и краткосрочность нашей жизни, были не только «творениями» Бога, не только глиняной посудой, которую лепит по своему произволу горшечник, и даже не только «рабами» Бога, исполняющими Его волю подневольно и только для Него, но и свободными участниками и причастниками самой божественной жизни, так, чтобы, служа Ему, мы в этом служении не угашали и не изнуряли своей собственной жизни, а, напротив, ее утверждали, обогащали и просветляли. Это служение должно быть истинным хлебом насущным и истинной водой, утоляющей нас. Более того: только в этом случае мы *для себя самих* обретаем смысл жизни, если, служа Ему, мы, как сыновья и наследники домохозяина, служим в нашем собственном деле, если Его жизнь, свет, вечность и блаженство может стать и нашим, если наша жизнь может стать божественной и мы сами можем стать «богами», «обожиться». Мы должны иметь возможность преодолеть всеобессмысливающую смерть, слепоту и раздражающее волнение наших слепых страстей, все слепые и злые силы бессмысленной мировой жизни, подавляющие нас или захватывающие в плен для того, чтобы найти этот истинный жизненный путь, который есть для нас и истинная Жизнь и подлинная живая Истина.

Но как же найти этот путь, совпадающий с истиной и жизнью, как удостовериться в подлинности бытия Бога и в подлинной возможности для нас обрести божественность, соучаствовать в вечном блаженстве? Легко наметить такие идеи, но возможно ли реально осуществить их? Не противоречат ли они всему нашему непосредственному жизненному опыту, не суть ли они — мечта, которую достаточно высказать, чтобы понять ее неосуществимость?

Мы стоим перед труднейшей задачей и не должны трусливо скрывать от себя ее трудностей. Чтобы обрести смысл жизни, человек должен найти абсолютное, высшее благо — но не относительны ли все мыслимые блага? Человек должен обладать и самой истиной, и вечной жизнью — но не обречен ли человек всегда заблуждаться, или только искать истину, или в лучшем случае находить частные и несовершенные истины, но никак не саму Истину? А вечная жизнь — что это, как не мечтательно-утопическое, по самому своему смыслу неосуществимое понятие? Легко говорить и проповедовать о «вечной жизни», а попробуйте-ка на деле, в подлинной жизни, справиться с неумолимым и неотвязным фактом роковой краткотечности и нашей собственной жизни, и жизни нам близких людей, и всего вообще, что живет и движется в мире. Ваши мечты разлетаются как дым, ваши слова обличаются как лицемерные или сентиментальные «слова, только слова» перед ужасной логикой смерти, перед плачем над телом дорогого покойника, перед тленностью, гибелью и бессмысленной сменой всего живого на свете. И где найти, как доказать существование Бога и примирить с ним нашу собственную жизнь, и мировую жизнь в целом — во всем том зле, страданиях, слепоте, во всей той бессмыслице, которая всецело владеет ею и насквозь ее проникает? По-видимому, здесь остается только выбор: или честно и мужественно глядеть в лицо фактам жизни, как она есть на самом деле, или, трусливо спрятавшись от них, предаться мечтам о жизни, какой она должна была бы быть, чтобы иметь смысл. Но на что нужны, какую цену имеют такие бессильные мечты? А надежда увидать свою мечту осуществленной, признать в ней истину, — не есть ли просто самообман трусливых душ, утешающих себя ложью, чтобы не погибнуть от ужаса перед истиной?

Мы не должны и не можем отталкивать от себя эти сомнения, мы обязаны взять на себя все бремя честной и горькой правды, которая в них содержится. Но мы не должны и преждевременно впадать в отчаяние. Как ни мало мы до сих пор подвинулись вперед в разрешении вопроса о смысле жизни, мы достигли по крайней мере одного: мы отдали себе отчет в том, что мы разумеем, когда говорим о смысле жизни, и при каких условиях мы считали бы этот смысл осуществленным. А теперь попытаемся, не делая себе никаких иллюзий, но и не отступая перед величайшими трудностями, — соединив бесстрашие честной мысли с бесстрашием воли, стремящейся к единственной цели всей нашей жизни, — вдуматься и присмотреться, в какой мере и в какой форме осуществимы или даны сами эти условия.

4. БЕССМЫСЛЕННОСТЬ ЖИЗНИ

Что жизнь, как она фактически есть, бессмысленна, что она ни в малейшей мере не удовлетворяет условиям, при которых ее можно было бы признать имеющей смысл, – это есть истина, в которой нас все убеждает: и личный опыт, и непосредственные наблюдения над жизнью, и историческое познание судьбы человечества, и естественнонаучное познание мирового устройства и мировой эволюции.

Бессмысленна, прежде всего, – и это, с точки зрения личных духовных запросов, самое важное – личная жизнь каждого из нас. Первое, так сказать, минимальное условие возможности достижения смысла жизни есть *свобода*, только будучи свободными, мы можем действовать «осмысленно», стремиться к разумной цели, искать полноты удовлетворенности; все необходимое подчинено слепым силам необходимости, действует слепо, как камень, притягиваемый землею при своем падении. Но мы со всех сторон связаны, окованы силами необходимости. Мы телесны и потому подчинены всем слепым, механическим законам мировой материи; спотыкаясь, мы падаем, как камень, и если случайно это произойдет на рельсах поезда или перед налетающим на нас автомобилем, то элементарные законы физики сразу пресекают нашу жизнь, а с ней – все наши надежды, стремления, планы разумного осуществления жизни. Ничтожная бацилла туберкулеза или иной болезни может прекратить жизнь гения, остановить величайшую мысль и возвышеннейшее устремление. Мы подчинены и слепым законам и силам органической жизни: в силу их непреодолимого действия срок нашей жизни даже в ее нормальном течении слишком краток для полного обнаружения и осуществления заложенных в нас духовных сил; не успеем мы научиться из опыта жизни и ранее накопленного запаса знаний разумно жить и правильно осуществлять наше призвание, как наше тело уже одряхлело и мы приблизились к могиле; отсюда неизбежное даже при долгой жизни трагическое чувство преждевременности и неожиданности смерти — «как, уже конец? а я только что собирался жить по-настоящему, исправить ошибки прошлого, возместить зря потерянное время и потраченные силы!» — и трудность поверить в свое собственное старение. И вдобавок, мы извнутри обременены тяжким грузом слепых стихийно-биологических сил, мешающих нашей разумной жизни. Мы получаем по наследству от родителей страсти и пороки, которые нас мучают и на которые бесплодно растрачиваются наши силы; в лице нашей собственной животной природы мы обречены на пытку и каторгу, прикованы к тачке, бессмысленно терпим наказание за грехи наших отцов или вообще за грехи, на которые нас обрекла сама природа. Лучшие и разумные наши стремления либо разбиваются о внешние преграды, либо обессиливаются нашими собственными слепыми страстями. И притом слепая природа так устроила нас, что мы обречены на иллюзии, обречены блуждать и попадать в тупик и обнаруживаем иллюзорность и ошибочность наших стремлений лишь тогда, когда они причинили нам непоправимый вред и наши лучшие силы уже ушли на них. Один растрачивает себя на разгул и наслаждения и, когда физическое и духовное здоровье уже безнадежно потеряно, с горечью убеждается в пошлости, бессмысленности всех наслаждений, в неутолимости ими жизненной тоски; другой аскетически воздерживается от всех непосредственных жизненных радостей, закаляя и сберегая себя для великого призвания или святого дела, чтобы потом, когда жизнь уже клонится к концу, убедиться, что этого призвания у него совсем нет и это дело совсем не свято, и в бессильном раскаянии жалеет о бесплодно упущенных радостях жизни. Кто остается одинок, боясь обременить себя тягостями семьи, страдает от холода одинокой старости и скорбит о уже недостижимом уюте семьи и ласке любви; кто, поддавшись соблазну семьи, оказался обремененным тягостями семейных забот, погруженный в мелочную суету семейных дрязг и волнений, бесплодно кается, что добровольно продал свою свободу за мнимые блага, отдал себя в рабство подневольного труда и не осуществил своего истинного призвания. Все наши страсти и сильнейшие влечения обманчиво выдают себя за что-то абсолютно важное и драгоценное для нас, сулят нам радость и успокоение, если мы добьемся их удовлетворения, и все потом, задним числом, когда уже поздно исправить ошибку, обнаруживают свою иллюзорность, ложность своего притязания исчерпать собою глубочайшее стремление нашего существа и дать, через свое удовлетворение, полноту и прочность нашему бытию. Отсюда неизбежное для всех людей меланхолическое, втайне глубоко и безысходно трагическое сознание, выражаемое французской поговоркой: «si jeunesse savait, si vieillesse pouvait»³ – сознание обманутых надежд, недостижимости истинного счастья на земле. Гете, прозванный «баловнем судьбы», проживший исключительно долгую, счастливую и плодотворную жизнь, обладатель редчайшего дара – умения сочетать творческую энергию, безмерное трудолюбие и могучую самообуздывающую силу воли с жаждой и способностью испытать все жизненные наслаждения, упиться всеми радостями жизни, – этот избранник человечества под конец своей жизни признавался, что за 80 лет своей жизни он изведал лишь несколько дней полного счастья и удовлетворения; и он испытал на себе неизбежную трагику человеческой жизни, он поведал, что сущность жизни узнает лишь тот, кто в слезах ест свой хлеб и в тоске и кручине проводит бессонные мучительные ночи, и что судьба утешает нас лишь одним неустанным припевом: «терпи лишения» (Entbehren sollst du, sollst entbehren![4]). Если такова жизненная мудрость счастливца человечества, то какой итог должны подвести все остальные, менее удачливые и одаренные люди, со всей их немощностью, со всей тяжестью их жизненной участи, со всеми извнутри раздирающими их противоречиями и затуманивающими их пути духовными слабостями?

Все мы – рабы слепой судьбы, слепых ее сил вне нас и в нас. А раб, как мы уже знаем и как это ясно само собой, не может иметь осмысленной жизни. Древние греки, так ярко чувствовавшие гармонию и космическую налаженность, стройность мировой жизни, вместе с тем оставили нам вечные, незабвенные образцы трагического сознания, что человеческим мечтам и надеждам нет места в этой гармонии. Народное сознание верило, что боги завидуют человеческому счастью и всегда принимают меры к тому, чтобы покарать и унизить счастливца, чтобы возместить случайную человеческую удачу горькими ударами судьбы; и, с другой стороны, оно верило, что даже блаженные боги подчинены, как высшему началу, неумолимой слепой судьбе. Более очищенное религиозное сознание их мудрецов учило, что по законам мировой гармонии никто не должен захватывать слишком много для себя, чрезмерно перерастать общий уровень, что человек должен знать свое скромное место и что даже сама *индивидуальность* человека есть греховная иллюзия, караемая смертью; лишь в добровольном признании себя служебным зависимым звеном мирового целого, лишь в смиренном приятии своей рабской зависимости от космоса и своего космического ничтожества человек покоряется божественной воле, исполняет свое единственное назначение и может надеяться не загубить себя. Итог обоих воззрений – один и тот же. И потому уже наивный Гомер говорит, что

...из тварей, которые дышат и ползают в прахе,

Истинно в целой вселенной несчастнее нет человека и все греческие поэты согласно вторят ему в этом. «И земля, и море полны бедствий для человека», говорит Гесиод. «Слаба жизнь человека, бесплодны его заботы, в краткой его жизни скорбь следует за скорбью» (Симонид). Человек в этом мировом целом – лишь «дуновение и тень» – или еще менее – «*сон тени*» (Пиндар). И вся античная философия, от Анаксимандра, Гераклита и Эмпедокла до Платона, Марка Аврелия и Плотина, во всем другом расходясь с учениями поэтов и борясь с ними, в этом пессимизме, в этом горьком признании безнадежной суетности, слабости и бессмысленности земной жизни человека сходится с греческой поэзией. С нею совпадает и вся живая мудрость остального человечества – Библия и Махабхарата, вавилонский эпос и могильные надписи древнего Египта. «Суета сует, – сказал Екклесиаст, суета сует – все суета! Что пользы человеку от всех трудов его, которыми трудится он под солнцем?.. Участь сынов человеческих и участь животных – участь одна; как те умирают, так умирают и эти, и одно дыхание у всех, и нет у человека преимущества перед скотом: потому что все – суета!.. И ублажил я мертвых, которые давно умерли, более живых, которые живут доселе; а блаженнее обоих тот, кто еще не существовал, кто не видал злых дел, какие делаются под солнцем. И обратился я, и видел под солнцем, что не проворным достается успешный бег, не храбрым – победа, не мудрым – хлеб, и не у разумных – богатство, и не искусным благорасположение, но время и случай для всех их» (Еккл., 1, 1–2; III, 19; IV, 2–3; IX, II).

Но допустим даже, что мудрость всех времен и народов неправа. Допустим, что возможна подлинно счастливая жизнь, что все желания наши будут удовлетворены, что кубок жизни будет для нас полон одним лишь сладким вином, не отравленным никакой горечью. И все же жизнь, даже самая сладостная и безмятежная, сама по себе не может удовлетворить нас; неотвязный вопрос «зачем? для чего?» даже в счастье рождает в нас неутолимую тоску. Жизнь ради самого процесса жизни не удовлетворяет, а разве лишь на время усыпляет нас. Неизбежная смерть, равно обрывающая и самую счастливую, и самую неудачную жизнь, делает их одинаково бессмысленными. Наша эмпирическая жизнь есть обрывок: сама для себя, без связи с неким целым, она так же мало может иметь смысл, как обрывок страницы, вырванный из книги. Если она может иметь смысл, то только в связи с общей жизнью человечества и всего мира. И мы уже видели, что осмысленная жизнь неизбежно должна быть служением чему-то иному, чем она сама, как замкнутая в себе личная жизнь, что лишь в исполнении призвания, в осуществлении какой-либо сверхличной и самодовлеющей ценности человек может найти самого себя как разумное существо, требующее разумной, осмысленной жизни. Ближайшим целым, с которым мы связаны и часть которого мы составляем, является жизнь народа или человечества; вне родины и связи с ее судьбою, вне культурного творчества, творческого единства с прошлым человечества и его будущим, вне любви к людям и солидарного соучастия в их общей судьбе мы не можем осуществить самих себя, обрести подлинно осмысленную жизнь. Как лист или ветвь дерева, мы питаемся соками целого, расцветаем его жизнью и засыхаем и отпадаем в прах, если в самом целом нет жизни. Для того чтобы индивидуальная жизнь имела смысл, нужно поэтому, чтобы имела смысл и жизнь общечеловеческая, чтобы история человечества была связным и осмысленным процессом, в котором достигается какая-либо великая общая и бесспорно ценная цель. Но и здесь, при беспристрастном и честном рассмотрении эмпирического хода вещей, нас ждет новое разочарование, новое препятствие для возможности обрести смысл жизни.

Ибо, как бессмысленна каждая единичная личная жизнь человека, так же бессмысленна и общая жизнь человечества. История человечества, если мы ищем смысла имманентного ей и ей самой внутренне присущего, так же обманывает наши ожидания, как и наша личная жизнь. Она есть, с одной стороны, набор бессмысленных случайностей, длинная вереница коллективных, всенародных и международных событий, которые не вытекают разумно одно из другого, не ведут ни к какой цели, а случаются как итог стихийного столкновения и скрещения коллективных человеческих страстей; и, с другой стороны, поскольку история есть все же последовательное осуществление человеческих идеалов, она есть вместе с тем история их крушений, неуклонное разоблачение их иллюзорности и несостоятельности, бесконечно длинный и мучительный предметный урок, в котором человечество обучается усматривать тщету своих надежд на разумное и благое устроение своей коллективной жизни. Вера в прогресс, в неустанное и непрерывное совершенствование человечества, в неуклонное, без остановок и падений, восхождение его на высоту добра и разума – эта вера, которая вдохновляла множество людей в продолжение последних двух веков, в настоящее время разоблачена в своей несостоятельности с такой очевидностью, что нам остается только удивляться наивности поколений, ее разделявших. Человечество в своей эмпирической исторической жизни совсем не движется «вперед»; поскольку мы мним обосновать нашу жизнь на служение общественному благу, осуществлению совершенного общественного строя, воплощению в коллективном быте и человеческих отношениях начал правды, добра и разума, мы должны с мужественной трезвостью признать, что мировая история совсем не есть приближение к этой цели, что человечество теперь не ближе к ней, чем век, два или двадцать веков тому назад. Даже сохранение уже достигнутых ценностей для него оказывается невозможным. Где ныне эллинская мудрость и красота, одно воспоминание о которой наполняет нам душу грустным умилением? Кто из нынешних мудрецов, если он не обольщает себя самомнением, может достигнуть своей мыслью тех духовных высот, на которых свободно витала мысль Платона или Плотина? Близки ли мы теперь от того умиротворения и правового упорядочения всего культурного мира под единой властью, которого мир уже достиг в золотую пору римской империи с ее pax Romana[5]? Можем ли мы надеяться на возрождение в мире тех недосягаемых образцов глубокой и ясной религиозной веры, которую являли христианские мученики и исповедники первых веков нашей эры? Где теперь богатство индивидуальностей, цветущая полнота и многообразие жизни средневековья, которое высокомерная пошлость убогого просветительства назвала эпохой варварства и которое, как несбыточная мечта, манит к себе чуткие души, изголодавшиеся в пустыне современной цивилизации? Поистине, надо очень твердо веровать в абсолютную ценность внешних технических усовершенствований – аэропланов и беспроволочных телеграфов, дальнобойных орудий и удушливых газов, крахмальных воротничков и ватерклозетов, – чтобы разделять веру в непрерывное совершенствование жизни. И самый прогресс эмпирической науки – бесспорный за последние века и во многом благодетельный – не искупается ли он с избытком той духовной слепотой, тем небрежением к абсолютным ценностям, той пошлостью мещанской самоудовлетворенности, которые сделали такие удручающие успехи за последние века и как будто неустанно продолжают прогрессировать в европейском мире? И не видим ли мы, что культурная, просвещенная, озаренная научным разумом и очищенная гуманитарными нравственными идеями Европа дошла до бесчеловечной и бессмысленной мировой войны и стоит на пороге анархии, одичания и нового варварства? И разве ужасная историческая катастрофа, совершившаяся в России и сразу втоптавшая в грязь, отдавшая в руки разнузданной черни и то, что мы в ней чтили как «святую Русь», и то, на что мы уповали и чем гордились в мечтах о «великой

России», не есть решающее обличение ложности «теории прогресса»? Мы научились понимать – и в этом отношении непосредственные жизненные впечатления совпадают с главными достижениями объективной исторической науки за последние сто лет, – что непрерывного прогресса не существует, что человечество живет сменой подъемов и падений и что все великие его достижения во всех областях жизни – государственной и общественной, научной и художественной, религиозной и нравственной – имеют свой конец и сменяются периодами застоя и упадка, когда человечеству приходится учиться наново и снова подыматься из глубин. «Все великое земное разлетается как дым – нынче жребий выпал Трое, завтра выпадет другим»[6]. Под влиянием этого сознания один из самых тонких, чутких и всесторонне образованных исторических мыслителей нашего времени – Освальд Шпенглер – учит, что «всемирная история есть принципиально бессмысленная смена рождения, расцветания, упадка и смерти отдельных культур».

И когда мы, не удовлетворенные этим выводом, ищем за этой бессмысленной сменой всплесков и замираний духовных волн исторической жизни какую-либо связанность и последовательность, когда мы стараемся разгадать ритм мировой истории и через него – ее смысл, то единственное, чего мы достигаем, есть уяснение ее смысла как общечеловеческого религиозного воспитания через ряд горьких разочарований, обличающих суетность всех земных человеческих упований и мечтаний. История человечества есть история последовательного крушения его надежд, опытное изобличение его заблуждений. Все человеческие идеалы, все мечты построить жизнь на том или ином отдельном нравственном начале взвешиваются самою жизнью, находятся слишком легкими и жизнью отбрасываются как негодные. Как индивидуальная человеческая жизнь в ее эмпирическом осуществлении имеет только один смысл – научить нас той жизненной мудрости, что счастье неосуществимо, что все наши мечты были иллюзорны и что процесс жизни, как таковой, бессмыслен, — так и всечеловеческая жизнь есть тяжкая опытная школа, необходимая для очищения нас от иллюзий всечеловеческого счастья, для обличения суетности и обманчивости всех наших упований на воплощение в этом мире царства добра и правды, всех наших человеческих замыслов идеального общественного самоустроения.

Да и может ли быть иначе? Когда мы думаем об истории, об общей судьбе человечества, мы как-то забываем, что история человечества есть лишь обрывок и зависимая часть космической истории, мировой жизни как целого. Та плененность — извне и извнутри — случайными, слепыми, чуждыми нашим заветным чаяниям космическими силами, которую мы усмотрели как роковое состояние единичной человеческой жизни, — эта плененность присуща в такой же, если не большей мере и жизни общечеловеческой. Со всех сторон человечество окружают слепые силы и роковые, слепые необходимости космической природы. Уже то обстоятельство, что человеческая жизнь, индивидуальная и коллективная, в такой огромной мере сводится на ту самую борьбу за существование, на беспрерывную, самоубийственную драку за средства пропитания, которая господствует во всем животном мире, — что, несмотря на все технические усовершенствования, с размножением человеческого рода все относительно меньше становится на земле плодородной почвы, угля, железа и всего, что нужно людям, и борьба за обладание ими становится все ожесточеннее, — уже одно это есть достаточное свидетельство того, как стихийные условия космической жизни сковывают человеческую жизнь и заражают ее своей бессмысленностью. А в нашей груди — и именно в особенности в душе человечества как коллективного целого, в сердцах народных масс — живут страсти и влечения, которые столь же слепы и убийственны, как все остальные космические силы; и если отдельный человек легко может впасть в самообман, считая себя свободным от слепоты космических сил, то именно народные массы и всяческие исторические коллективы являют нам в своей жизни столь разительные образцы подчиненности слепым инстинктам и грубым стихийным страстям, что в отношении их этот самообман невозможен или гораздо менее простителен. Представим себе хоть на мгновение с полной реалистической ясностью то положение человечества, которое соответствует подлинной действительности, поскольку мы берем жизнь в ее эмпирическом составе. В каком-то уголке мирового пространства кружится и летит комочек мировой грязи, называемый земным шаром; на его поверхности копошатся, кружась и летя вместе с ним, миллиарды и биллионы живых козявок, порожденных из него же, в том числе двуногие, именующие себя людьми; бессмысленно кружась в мировом пространстве, бессмысленно зарождаясь и умирая через мгновение по законам космической природы, они в то же время, движимые теми же слепыми силами, дерутся между собой, к чему-то неустанно стремятся, о чем-то хлопочут, устраивают между собой какие-то порядки жизни. И эти-то ничтожные создания природы мечтают о смысле своей общей жизни, хотят достигнуть счастия, разума и правды. Какая чудовищная слепота, какой жалкий самообман!

Чтобы понять это, мы даже совсем не должны идти так далеко, как того требует господствующее естественнонаучное понятие о мире, совсем не должны представлять себе мир как мертвый хаос, как механизм безжизненных физических и химических сил. Это воззрение, которое многим еще доселе представляется высшим достижением точного научного знания, есть лишь свидетельство узости, бездушия и научной тупости, до которого дошло все «прогрессирующее» человечество. Древние греки лучше нас знали, что мир – не мертвая машина, а живое существо, что он полон живых и одушевленных сил. К счастью, тот духовный кризис, который переживает в настоящее время человечество, уже раскрыл многим наиболее проницательным естествоиспытателям нашего времени глаза и дал им понять убожество и ложность чисто механического естественнонаучного миросозерцания. Со всех сторон – в новейшей критике механической физики Галилея и Ньютона, в новейших физико-механических открытиях, разлагающих косную материю на заряды сил, в критике дарвинистических учений об эволюции, в усмотрении виталистических антимеханистических начал органической жизни – всюду возрождаются и вновь открываются человеческому взору признаки, свидетельствующие, что мир есть не мертвый хаос косных материальных частиц, а нечто гораздо более сложное и живое. Тот упрек, который русский поэт посылал современным людям:

Они не видят и не слышат,
Живут в сем мире, как впотьмах,
Для них и солнце, знать, не дышит
И жизни нет в морских волнах, –[7]

этот упрек повторяют теперь уже и многие представители научного знания. Мир не есть мертвая машина или хаос косной материи, «не слепок, не бездушный лик»; мир есть великое живое существо и вместе с тем единство множества живых сил.

И все же мир не есть зрячее и разумное существо. Он – слепой великан, который корчится в муках, терзается своими собственными страстями, от боли грызет самого себя и не находит выхода своим силам. И поскольку человек входит в его состав, есть только его ничтожная часть и порождение, ничтожная клеточка или молекула его тела, и поскольку сама душа человека есть лишь частица этой космической души, подчинена ее силам и обуреваема ими, – человек все же безнадежно окован, захвачен в плен могучими слепыми силами космоса и вместе с ним обречен корчиться в бессмысленных муках, бессмысленно рождаться, куда-то стремиться и бесплодно гибнуть в слепом процессе неустанного круговорота мировой жизни. И мы уже видели, что древние греки, восхищаясь красотой и живою стройностью космического целого, с горечью и безысходным отчаянием сознавали безнадежность, тщету и бессмысленность в нем человеческой жизни.

Куда бы мы ни кинули наш взор, с какой бы стороны ни посмотрели на жизнь — поскольку мы стараемся честно постигнуть эмпирическое, объективно-данное нам существо жизни, — всюду и через все мы убеждаемся в ее роковой бессмысленности. Мы видели условия достижимости смысла жизни: существование Бога как абсолютного Блага, вечной Жизни и вечного света Истины, и божественность человека, возможность для него приобщиться к этой истинной, божественной жизни, на ней утвердить, ею всецело заполнить свою собственную жизнь. Но мир не есть Бог и его жизнь — не божественная жизнь; противоположное утверждение пантеизма может разве отвлеченно соблазнить кого-либо, в живом же опыте мы слишком ясно сознаем несовпадение того и другого: в мире царит смерть, он подчинен всеуничтожающему потоку времени, он полон тьмы и слепоты. И если таков мир — вправе ли мы от него, по крайней мере, умозаключать о существовании Бога? Все попытки человеческой мысли таким путем дойти до признания Бога оказывались и оказываются тщетными. Как бы мы ни восхищались стройностью и грандиозностью мироздания, красотой и сложностью живых существ в нем, как бы мы ни трепетали перед безмерностью его глубины — и созерцая звездное небо, и сознавая свою собственную душу, — но одна наличность страданий, зла, слепоты и тленности в нем противоречит его божественности и не позволяет нам в нем, как он есть и непосредственно нам дан, усмотреть решающее свидетельство наличия всеведущего, всеблагого и всемогущего Творца. Как говорит один проницательный современный немецкий религиозный мыслитель (Макс Шелер): «если бы мы должны были от познания мира умозаключить к существованию Бога, то наличие в мире хотя бы одного червя, извивающегося от боли, было бы уже решающим противопоказанием». Рассматривая мир как он есть, мы неизбежно приходим в вопросе об его первопричине или о действии Бога в нем к дилемме. Одно из двух: или Бога совсем нет и мир есть творение бессмысленной слепой силы, или же Бог, как всеблагое и всеведущее существо, есть, но тогда он не всемогущ и не есть Творец и единодержавный Промыслитель мира. Первый вывод делает ныне господствующее мировоззрение, второй, более глубокий, по чисто религиозным мотивам был утверждаем гностиками и в новейшее время был снова сделан рядом мыслителей, искавших Бога на чисто интеллектуальном пути. Но и в том и в другом случае – и если Бога нет, и если Он не в силах нам помочь и нас спасти от мирового зла и бессмыслия – наша жизнь одинаково бессмысленна. Но как мы видели, даже и существования Бога мало для обретения смысла нашей жизни: для этого нужна возможность нашего человеческого соучастия в свете и жизни Божества, нужна вечность, совершенная просветленность и покой удовлетворенности нашей собственной, человеческой жизни. А это условие – независимо от трудности во всех остальных отношениях – абсолютно неосуществимо, поскольку человек есть часть и порождение мировой, космической природы со всей ее слепотой, несовершенством и тленностью. Для того чтобы уверовать в достижимость смысла жизни, мы как будто вынуждены отрицать этот бесспорный факт плененности и пронизанности человека силами природы, мы должны идти против очевидности неотменимого факта. Не значит ли это, что положительное решение вопроса о смысле жизни, реальное обретение этого смысла невозможно и что мы обречены лишь бессильно мечтать о нем, ясно усматривая абсолютную неосуществимость нашей мечты?

Бессмысленность жизни открылась не со вчерашнего дня; как мы уже видели, ее утверждала древняя мудрость, пожалуй, с большей силой и ясностью, чем это доступно современному человеку, утратившему целостное восприятие жизни и потому склонному опьяняться иллюзиями. И же все человечество издавна имело религиозное сознание, верило в Бога и возможность спасения человека и тем утверждало осуществимость смысла жизни. Есть ли это одна простая непоследовательность, неумение или боязнь сделать последний вывод из неоспоримых фактов? Такое суждение было бы с нашей стороны поспешным и легкомысленным заключением. Мы должны, наоборот, сами глубже вдуматься в дело, полнее оценить мотивы, руководящие религиозным сознанием человечества, и поставить теперь себе вопрос: есть ли умозаключение от эмпирической природы мира и жизни достаточный и единственный критерий для решения вопроса о смысле жизни?

5. САМООЧЕВИДНОСТЬ ИСТИННОГО БЫТИЯ

Раз поставив этот вопрос, мы тотчас же должны ответить на него отрицательно. Дело в том, что мы просто не можем удовлетвориться утверждением всеобщей бессмысленности жизни, не можем – независимо от всего прочего – уже потому, что оно заключает в себе *внутреннее логическое противоречие*. А именно, оно противоречит тому простому, очевидному и именно по своей очевидности обычно не замечаемому факту, что *мы понимаем и разумно утверждаем эту бессмысленность*. Раз мы понимаем и разумно утверждаем ее, значит, не все на свете и не всецело бессмысленно; есть, по крайней мере, осмысленное познание – хотя бы познание одной лишь бессмысленности мирового бытия. Раз мы *ясно видим* нашу слепоту, значит, мы все же не совсем слепы, но в то же время и зрячи. Существо, абсолютно и всецело лишенное смысла, не могло бы сознавать свою бессмысленность. Если бы мир и жизнь были сплошным хаосом слепых, бессмысленных сил, то в них не нашлось бы существа, которое это сознавало и высказывало бы. Как утверждение «истины не существует» бессмысленно, ибо противоречиво, так как утверждающий его считает свое утверждение истиной и тем самым сразу и признает, и отрицает наличие истины, так и утверждение совершенной и всеобщей бессмысленности жизни само бессмысленно, ибо, будучи само актом разумного познания, оно в своем собственном лице являет факт, опровергающий его содержание.

Нам, конечно, ответят: это традиционное возражение есть пустой и жалкий софизм, основанный на игре слов. Утверждая бессмысленность жизни, мы, как это вы сами выяснили выше, разумеем отсутствие в ней абсолютного блага и возможность заполнения им нашей жизни, мы отрицаем существование Бога и божественность человека. Что это «отсутствие» может быть усмотрено и понято нами, — это ничего не меняет в его содержании; что утверждение бессмысленности жизни само есть разумное и в *этом* смысле «осмысленное» познание, ничуть не колеблет содержания утверждения, ибо «смысл» значит здесь просто теоретическую обоснованность или очевидность, а совсем не тот практический, жизненный смысл, которого мы ищем. Напротив, наличность *сознания* бессмысленности жизни усугубляет, а не умаляет ее; само это сознание, по своему бессилию и по своей бесцельности, есть свидетельство сугубой бессмысленности жизни; для чего нужно было, в этом слепом хаосе, присутствие человеческой мысли, если она ничему не может помочь, не может спасти нас от бессмысленности жизни и лишь обрекает нас на бессильные страдания от нее? Не есть ли это, напротив, особое и особенное бессмысленное издевательство мировой судьбы над человеком — даровать ему духовный взор, чтобы он видел свое бессилие перед слепыми силами и безысходно мучился им?

В этом возражении есть доля истины. Она состоит в том, что разум, в смысле простой способности теоретического знания, конечно, не может нас спасти и заменить нам искомый целостный смысл жизни. Но не будем торопиться, не будем быстро проходить мимо самого этого факта наличия в нас разума и ограничиваться поверхностной его оценкой. Как бы недостаточен он ни был сам по себе, он есть просвет, в который мы должны внимательно всмотреться.

Итак, мир так устроен, что, будучи слепым и бессмысленным в своем течении, в своих действенных силах, он, в лице человеческого разума вместе с тем пронизан лучом света, озарен *знанием самого себя*. Этот свет знания – как бы недостаточен он ни был для того, чтобы преобразить мир и разогнать его тьму, ибо он может лишь видеть саму эту тьму, а не победить ее – есть все же нечто абсолютно инородное этой тьме и вообще всем силам и реальностям эмпирического мира. Знание не есть ни физическое столкновение реальностей, ни какое-либо их взаимодействие, это есть совершенно своеобразное, в терминах эмпирической реальности не описуемое начало, в силу которого бытие раскрывается или озаряется, сознает и познает себя. Это есть все же, несмотря на все зло реального бессилия, в своей самобытности и несравнимости великий и чудесный факт. Вглядываясь в него, Паскаль назвал человека «мыслящим тростником» и говорил: «если вся вселенная обрушится на меня и задавит меня, то в это мгновение моей гибели я буду все же возвышаться над ней, ибо она не будет знать, что она совершает, *а я буду это знать*». Человек, ничтожный тростник, колебаемый любым порывом ветра, слабый росток, гибнущий от самого легкого воздействия на него враждебных мировых сил, – своим разумным сознанием возвышается над всем миром, ибо обозревает его; рожденный на краткий миг, бессильно уносимый быстротекущим потоком времени и обрекаемый им на неминуемую смерть, он в своем сознании и познании обладает вечностью, ибо его взор может витать над бесконечным прошлым и будущим, может познавать вечные истины и вечную основу жизни. Скажут: слабое утешение – в момент своей гибели сознавать ее. Да, слабое – и все же утешение или возможное начало утешения. Ибо, по крайней мере в лице нашего знания, мы уже явно не принадлежим к этому миру и не подчинены его бессмысленным силам; мы имеем соприкосновение с чем-то иным, маленькую точку опоры, которая все же есть некоторая подлинная, неподвижная и неколебимая опора. В лице нашего знания, которое явно сверхпространственно и сверхвременно (ибо способно обозревать и познавать и бесконечное пространство, и бесконечное время), мы имеем наличие в нас начала иного, вечного бытия, действие в нас (хотя и замутненное нашей чувственной ограниченностью и слабостью) некой сверхмирной, божественной силы. В нем открывается для нас совершенно особое, сверхэмпирическое и в то же время абсолютно очевидное бытие – ближайшим образом, внутреннее бытие нас самих. Это самоочевидное внутреннее бытие во всем его отличии от всего внешнего, эмпирически извне нам данного, впервые опознал и описал блаженный Августин. В отношении *этого* бытия – говорит он – «нас не смущает никакая возможность смешения истины с ложью. Ибо мы не прикасаемся к нему, как к тому, что лежит вне нас, каким-либо внешним чувством... Но, вне всякого воображения какого-либо образа и представления, мне абсолютно очевидно, что я *есм*... Ведь если я заблуждаюсь, то я *есм*; ибо кто не существует, тот не может заблуждаться... Но если мое бытие следует из того, что я заблуждаюсь, как могу я заблуждаться в том, что я *есм*, раз для меня достоверно мое бытие из самого факта, что я заблуждаюсь? Следовательно, так как я, в качестве заблуждающегося, был бы, даже если бы заблуждался, то вне всякого сомнения я не заблуждаюсь в том, что ведаю себя существующим» (De C.D, XI, 26). И вместе с этим столь своеобразным и сверхэмпирическим внутренним бытием нас самих нам непосредственно открывается и нечто еще гораздо более значительное – самоочевидное и в себе утвержденное бытие самой Истины, хотя здесь лишь в односторонней форме света теоретического знания. Ведь в акте нашего познания не мы сами что-то делаем, и не из нас самих, как ограниченных и отдельных существ, оно рождается: мы только узнаем истину, нас озаряет свет знания, очевидность того, что истинно есть, – независимо от того, познаем мы его или нет, раскрывается ли оно нашему сознанию или нет. Поэтому не наше собственное бытие, при всей его самоочевидности, есть первая и самодовлеющая очевидность; оно само не раскрывалось бы нам, мы не имели бы знания о нем, если бы в самом бытии как таковом не было начала Знания, первичного света Истины, которое во всяком человеческом знании только озаряет собою человеческую душу. Этот свет Истины, единый для всех – ибо истина одна для всех, – вечный, – ибо истина сама не меняется с сегодняшнего дня на завтрашний, а имеет силу раз и навсегда, и всеобъемлющий – ибо нет ничего, что принципиально было бы недоступно озарению знанием, как бы слабо и ограниченно ни было человеческое знание каждого из нас, – этот свет Истины явно не есть ни что-либо только человеческое, ни даже что-либо только от мира, ни что-либо частное и обусловленное вообще; не исчерпывая собою неизъяснимой полноты и жизненности Божества, он есть Его отблеск и обнаружение в нашем собственном сознании и бытии. И потому вместе с нашим собственным бытием и его самосознанием нам открывается, как его условие, самоочевидное и в себе утвержденное бытие самой Истины и наша утвержденность в ней. Это также отчетливо постигнул и выразил блаженный Августин: «Всякий постигающий, что он сомневается, сознает нечто истинное и уверен в том, что он постигает, т.е. уверен в чем-то истинном; итак, всякий сомневающийся, есть ли истина, имеет в себе нечто истинное, в чем он не сомневается, а нечто истинное не может быть таковым иначе, чем в силу Истины» (De vera religione, с.39). «И я сказал себе: разве Истина есть ничто только потому, что она не разлита ни в конечном, ни в бесконечном пространстве? И Ты воззвал ко мне издалека: «да, она есть. Я *есм* сущий». И я услышал, как слышат в сердце, и всякое сомнение совершенно покинуло меня. Скорее я усомнился бы в том, что я живу, чем что есть Истина» (Confess., VII, 10).

Так, простой и неприметный факт нашего знания – хотя бы лишь знание о бессмысленности и тьме нашей жизни – удостоверяет нас не только в нашем собственном, внутреннем сверхэмпирическом бытии, но и в бытии божественного, вечного и всеобъемлющего, сверхмирного начала Истины, хотя бы лишь как света чистого знания. Отдавая себе отчет в факте знания и в его природе, мы впервые открываем, наряду с эмпирическим предметным миром, наличие иного, абсолютного *бытия* – хотя лишь в первых его, неясных и самых общих очертаниях – и нашу непосредственную, исконную принадлежность к нему. А этим открываются новые перспективы в вопросе о смысле жизни. Как бы тягостна нам ни была бессмысленность всей эмпирической жизни, как бы ни затрудняла она нас в поисках смысла жизни, мы впервые теперь начинаем понимать, что мы искали этот смысл не там, где есть вообще надежда его найти, и что этой темной и хаотической областью совсем не исчерпывается бытие: мы оставили еще необследованным тот первичный, более глубокий его слой, который дан нам в лице нашего собственного, непосредственно в нас обнаруживающегося внутреннего бытия и в лице тех последних, абсолютных глубин, к которым мы прикасаемся извнутри. Наши горизонты расширились, целый новый – и неизмеримо более глубокий, значительный и прочный мир – мир истинного, духовного бытия – впервые обрисовывается, хотя лишь смутно и частично. Что эмпирическая жизнь как таковая – будь то наша личная жизнь, будь то жизнь мировая – бессмысленна, – не удовлетворяет условиям, при которых осуществим смысл жизни – это принадлежит к самому ее существу, это вытекает уже из того, что она подчинена потоку времени, что она, говоря словами Платона, «только возникает и гибнет, а совсем не есть»[8], – и это знала истинная мудрость всех времен и народов. Но ею совсем не исчерпывается истинное бытие, и к нему-то мы должны теперь обратить наш духовный взор.

Не один только факт осмысленного *знания* наводит нас на него. Ведь мы не только бесстрастно-объективно *знаем* факт бессмысленности жизни – мы томимся этим знанием, неудовлетворены им и ищем смысла жизни.

Пусть эти поиски остаются тщетными; но в лице *их самих* мы имеем тоже многозначительный факт, принадлежащий также к реальности нашего внутреннего существа. Оглянемся на самих себя и спросим: откуда это наше томление, откуда наша неудовлетворенность и влечение к чему-то принципиально иному, к чему-то, что, как мы видели, так резко и решительно противоречит всем эмпирическим данностям жизни? Если мы раньше указали на то, что существо, всецело погруженное в мировую бессмысленность и охваченное ею, не могло бы ее *знать*, то мы вправе теперь прибавить: оно не могло бы и страдать от нее, возмущаться ею и искать смысла жизни. Если бы люди действительно были только слепыми животными, существами, которые движимы только стихийными страстями самосохранения и сохранения рода, они, подобно всем другим животным, не томились бы бессмысленностью жизни и не искали бы смысла жизни. Лежащее в основе этого томления и искания влечение к абсолютному благу, вечной жизни и полноте удовлетворенности, жажда найти Бога, приобщиться к Нему и в Нем найти покой – есть тоже *великий факт реальности* человеческого бытия; и при более внимательном и чутком рассмотрении человеческой жизни легко обнаруживается, что вся она, при всей слепоте, порочности и тьме ее эмпирических сил, есть смутное и искаженное обнаружение этого основного факта. Когда мы ищем богатства, наслаждения, почета, когда мы трусливо в отношении себя самих и холодно-жестоко в отношении наших близких боремся за наше собственное существование, тем более когда мы ищем забвения и утешения в любви или практической деятельности, – мы всюду в *сущности* стремимся к одному: «спасти» самих себя, найти подлинную почву для нашего бытия, подлинно насыщающее питание для нашего духа; слепо и извращенно, но мы всегда стремимся к абсолютному благу и истинной жизни. Откуда все это? И отчего душа не может удовлетвориться рамками и возможностями эмпирической жизни и, хоть тайно и полусознательно, ищет невозможного? Откуда этот разлад между человеческой душой и всем *миром*, в состав которого ведь входит и она сама?

Откуда, как разлад возник?
И отчего же в общем хоре
Душа не то поет, что море,
И ропщет мыслящий тростник?[9]

Правда, сторонники натуралистического и позитивистического мировоззрения возразят нам: как бы трудно ни было ответить на вопрос: «откуда?», он, во всяком случае, не может вывести нас за пределы этого мира и навести на путь, приводящий к открытию смысла жизни. Ведь при слепоте сил, действующих в мире, нет ничего удивительного в том, что не все в нем устроено гармонично и что, в частности, мы, люди, одарены печальным свойством стремиться к невозможному и бесплодно томиться. Как слепо бабочка летит на огонь и в нем гибнет, так же слепо мы проходим без удовлетворения мимо реальных, эмпирически данных нам жизненных возможностей и губим себя, часто даже кончаем самоубийством, в поисках того, чего не бывает на свете, в бессмысленном и беспредметном томлении. Это томление, заложенное от рождения в нашей груди, есть, следовательно, само лишнее, добавочное свидетельство бессмысленности, слепой стихийности жизни.

И все-таки, как только мы действительно пристально вглянемся в этот факт нашей внутренней жизни и ощутим его во всей его безмерной значительности, в нас невольно нарастает совсем иное умонастроение: не он, а именно весь мир, ему несоответствующий, кажется нам тогда странным недоразумением; не мы должны исправить и ради трезвого приспособления к эмпирическим возможностям забыть об этой первооснове нашего существа, а весь мир должен был бы быть иным, чтобы дать простор и удовлетворение этому нашему неизбывному стремлению, этому глубочайшему существу нашего «Я». И нам, по крайней мере, смутно мерещится, что этот с точки зрения предметного эмпирического мира столь ничтожный и мелкий факт, как неспособность двуногого животного, именуемого человеком, спокойно устроится на земле, и его муки от непонятной внутренней неудовлетворенности, есть – для взора, обращенного внутрь и вглубь – свидетельство нашей принадлежности к совсем иному, более глубокому, полному и разумному бытию. Пусть мы бессильные пленники этого мира и наш бунт – бессмысленная по своему бессилию затея; но все же мы – только его пленники, а не граждане, у нас есть смутное воспоминание об иной, подлинной нашей родине, и мы не завидуем тем, кто мог совсем о ней забыть, а испытываем к ним лишь презрение или сострадание, несмотря на все их жизненные успехи и все наши страдания. И если эта наша истинная духовная родина, эта исконная почва для нашего духовного питания, для возможности истинной жизни есть именно то, что люди называют Богом, то мы понимаем глубокий смысл этих слов: «Ты создал нас для Себя, и неспокойно сердце наше, пока оно не найдет Тебя» (бл. Августин).

Есть одно соображение, которое помогает нам оправдать это смутное сознание и отвергнуть самодовольно-жалкое объяснение натурализма. Пусть остается неизвестным и под сомнением, откуда взялась в нас эта тоска по истинной жизни и абсолютному благу и о чем она сама свидетельствует. Но всмотримся в само содержание *того, к чему мы стремимся*, и поставим о нем вопрос: откуда оно и что оно означает? Тогда мы сразу, при внимательном отношении к делу, постигнем, что здесь кончаются все возможности натуралистического объяснения. Ведь *именно потому*, что, как уже признано, в эмпирическом мире нет ничего, что соответствовало бы предмету наших стремлений, становится необъяснимым, как он мог овладеть нашим сознанием и что он вообще означает. Мы ищем абсолютного блага; но в мире все блага относительны, все суть лишь средства к чему-то иному, в конце концов средства к сохранению нашей жизни, которая совсем не есть бесспорное и абсолютное благо; откуда же в нас это *понятие* абсолютного блага? Мы ищем вечной жизни, ибо все временное бессмысленно; но в мире все, в том числе мы сами, временно; откуда же в нас само *понятие* вечного? Мы ищем покоя и самоутвержденности жизненной полноты – но в мире и в нашей жизни мы ведаем только волнение, переход от одного к другому, частичное удовлетворение, сопутствуемое нуждой или же скукой пресыщения. Откуда же родилось в нас это понятие блаженного покоя удовлетворенности?

Скажут: мало ли откуда берутся в больном человеческом мозгу безумные мечты! Но те, кто так легко отвечает на этот вопрос, не отдают себе отчет в его трудности. Мы спрашиваем здесь не о происхождении факта наших мечтаний, а о *содержании* его предмета. Все другие, даже самые безумные и неосуществимые человеческие мечты имеют своим предметом эмпирическое содержание жизни, известное из опыта: мечтаем ли мы – без всяких к тому оснований – о неожиданном получении миллионного наследства, или о мировой славе, или о любви первой красавицы в мире – мы всегда в наших мечтах оперируем с тем, что в мире, вообще говоря, бывает, хотя бы и редко, и знакомо нам, хотя бы понаслышке, из познания этого мира; или, на худой конец, наша мечта просто количественно преувеличивает реальности, данные в опыте. Здесь же мы стремимся к чему-то, чего мы никогда, даже в количественно малом масштабе, не встречали и не видали в мире, чего мы никогда и не *могли* видеть и знать, потому что оно по самому своему понятию, по самому качественному своему содержанию невозможно в мире. Предмет нашей мечты, следовательно, имеет сверхмирное, сверхэмпирическое содержание; он есть что-то *иное, чем весь мир*; и вместе с тем – он *нам дан*. Это есть факт, над которым нельзя не призадуматься; и он открывает нам широкие, еще не изведанные горизонты. Не *дано* ли нам, на самом деле, именно то, чего мы ищем, не являемся ли мы уже *обладателями искомого*".

Я предвижу, что читатель в негодовании или смущении снова возразит: но ведь это – жалкий софизм! Предмет наших *мечтаний* дан, но ведь именно только как предмет наших мечтаний', он нам дан как воображаемое нами благо, а вовсе не в реальности; он дан так, как «дан» мысли предмет, которого ищешь, как «дано» потерянное, где-то зарытое сокровище, а не так, как дано благо, которым обладаешь и можешь наслаждаться. Должны ли мы удовлетвориться «воображаемым» Богом, воображаемой «истинной жизнью»?

Это возражение психологически вполне естественно; оно имеет и более глубокий объективный смысл, к уяснению которого мы вернемся ниже. Но в целом, в том непосредственном значении, в котором оно высказывается, оно основано на невнимательном отношении к духовной проблеме и на ложной плененности односторонним, чисто чувственно-эмпирическим понятием реальности.

В Евангелии сказано: «ищите, и обрящете; толцыте, и отверзется вам». Подлинное усвоение глубокой, божественной правды этих слов основано не на какой-либо «слепой», безотчетной вере в авторитет; оно дается той вере, которая есть просто устремленность взора на духовное бытие и усмотрение его природы. Кто обратил свой взор на духовное бытие, тот знает, что смысл и правда этих слов – в том, что в духовном бытии всякое искание уже есть частичное обладание, всякий толчок в закрытую дверь есть тем самым ее раскрывание.

В эмпирическом мире «воображаемое» и только «искомое» существенно отличается от «реального» и «наличного»; ибо здесь под «реальностью» мы разумеем присутствие предмета для нашего чувственного взора, его наличие в чувственной близи от нас, его доступность нашей действенной воле. В этом смысле есть, – как указывал Кант в критике т. наз. «онтологического» доказательства бытия Бога, – колоссальное, совершенно непреодолимое практическое различие между «ста талерами в кармане» и «ста талерами воображаемыми», при полном тождестве мыслимого предмета; первые нас насыщают, практически нам полезны, вторые – только манят обманчивую мечту и «*на самом деле*» – т.е. для нашего кармана, для насыщения голодного желудка – отсутствуют, не существуют. Здесь «существовать» значит быть где-то, когда-то, у кого-то, быть видимым, осязаемым, находиться в чувственной наличности, в кругозоре познающего. И предмет может мыслится и быть объектом мечты и воображения, не существуя здесь, теперь, не будучи налицо. Но в духовном мире и в отношении предметов духовного порядка – возможно ли, удовлетворительно ли *такое* понятие существования и ему соотносительное простой «воображаемости»?

Очевидно, здесь «существовать» не может значить: находиться вот здесь, передо мною, в чувственной близи от меня, быть видимым, слышимым, осязаемым – ибо предметы духовного порядка, будь то блаженство, или вечность, или разум – так вообще «существовать» не могут. «Существовать» здесь значит просто: быть самоочевидным, воочию стоять перед духовным взором, перед умозрением. Но тогда, значит, раз мы ищем их и в этом искании «мыслим» или «воображаем», т.е. имеем мысленно перед собой – и раз мы уже убедились, что они – не плод нашей субъективной фантазии, сочетающей или преувеличивающей материал чувственного мира, а некие *первичные* содержания – они *тем самым* и *существуют* для нас, хотя бы и в самой смутной форме. Спрашивать: существуют ли они «на самом деле» – здесь так же бессмысленно, как бессмысленно ставить вопрос: существует ли на самом деле число или математическое понятие, которое я мыслю. Можно разумно спрашивать, возможно ли мне овладеть этим предметом, приобщиться к нему, слиться с ним? Но нельзя спрашивать: существует ли оно само? Кто раз остро и напряженно вдумался в то, что такое есть истинное добро, блаженство или вечность, которых он ищет, тот *тем самым* знает, что *нечто такое и есть*. Пусть оно противоречит всем возможностям эмпирического мира и мы никогда не встречали его в нашем чувственном опыте, пусть оно, с точки зрения обычного людского опыта и всех наших ходячих понятий и преобладающих интересов, парадоксально, невероятно — но если только наше сердце влечет нас к нему и потому наш взор на него направлен, мы его *видим* и потому оно *есть*. Я могу думать, что оно неосуществимо в эмпирическом мире, что оно бессильно перед слепыми силами жизни, которые загнали его в какие-то далекие глубины за пределами мира, в которых оно доступно только моей ищущей душе, — но там, бессильное и далекое от всего мира, оно все-таки *есть*, и ничто не мешает мне его любить и к нему влечься. Впрочем, я невольно подмечаю, хоть изредка, его присутствие или хотя бы слабое его проявление или отблеск и в жизни: искренний привет, душевная ласка другого человека, его добрый взор, на меня устремленный, говорят мне, что добро как-то отдаленно живет и сквозит и в нем; всякий акт самоотвержения свидетельствует мне, что в жизни действуют не одни животные страсти и холодный расчет корысти; и изредка в совершенно исключительные минуты моей жизни я способен не только мечтать о вечности, но на краткое мгновение и *испытывать их*, ощущать их осуществленными. То, чего я ищу, не только есть, но лучи его доходят до мира и воздействуют на мир.

И если я обращаюсь теперь к своему собственному *исканию* смысла жизни, то я ясно вижу, что оно — несмотря на его кажущуюся неосуществимость — *само есть проявление во мне реальности того, что я ищу*. Искание Бога есть уже действие Бога в человеческой душе. Не только Бог есть вообще — иначе мы не могли бы Его помыслить и искать, так непохоже то, чего мы здесь ищем, на все, знакомое нам из чувственного опыта, — но Он *есть именно с нами или в нас*. Он в нас действует, и именно Его действие обнаруживается в этом странном, столь нецелесообразном и непонятном с мирской точки зрения, нашем беспокойствии, нашей неудовлетворенности, нашем искании того, что в мире не бывает. «Ты создал нас для Себя, и неспокойно сердце наше, пока не найдет Тебя».

Добро, вечность, полнота блаженной удовлетворенности, как и свет истины, – все то, что нам нужно для того, чтобы наша жизнь обрела «смысл», есть не пустая мечта, не человеческая выдумка – все это *есть на самом деле* – свидетельство тому мы сами, наша мысль об этом, наши собственные искания его. Мы похожи на тех близоруких и рассеянных людей, которые ищут потерянные очки и не могут их найти: потому что очки сидят на их носу и ищущие в своих поисках *глядят через них*. «Не иди во вне, – говорил тот же бл. Августин, – иди во внутрь самого себя; и когда ты внутри обретешь себя ограниченным, перешагни через самого себя!» Стоит только отучиться от привычки считать единственной реальностью то, что окружает нас извне, что мы видим и осязаем, – и что нас толкает, мучает и кружит в неясном вихре, – и обратить внимание на великую реальность нашего собственного бытия, нашего внутреннего мира, чтобы удостовериться, что в мире все же *не все* бессмысленно и слепо, что в нем – в лице нашего собственного томления и искания, и в лице того света, *который* мы ищем и, значит, смутно видим, – действуют силы и начала иного порядка – именно те, которых мы ищем. Конечно, есть много как будто покинутых Богом людей, которые во всю свою жизнь так и не могут об этом догадаться – как не может младенец обратить умственный взор на самого себя и, плача и радуясь, знать, что с ним происходит, видеть свою собственную реальность. Но человеческая слепота и недогадливость, замкнутость человеческого взора шорами, которые позволяют ему глядеть только вперед и не дают оглянуться, не есть же опровержение реальности того, чего не видит этот взор. Эта реальность с нами и в нас, каждый вздох нашей тоски, каждый порыв нашего глубочайшего существа есть ее действие и, значит, свидетельство о ней, и надо только научиться, как говорил Платон, «повернуть глаза души»[10], чтобы увидеть то, чем мы «живем, движемся и есмы».

И теперь мы можем объединить два найденных нами условия смысла жизни. Мы видели, через анализ самого нашего понимания «бессмысленности» жизни, что в нем самом обнаруживается действие сущей Истины как света знания. И мы видели дальше, что в самом нашем искании, в самой неудовлетворенности бессмысленностью жизни обнаруживается присутствие и действие начал, *противоположных* этой бессмысленности. Оба эти момента не столь разнородны и несвязны между собой, как это казалось с самого начала. Ибо в самом *знании* бессмысленности жизни, в самом холодном теоретическом ее констатировании, конечно, содержится бессознательно момент искания смысла, момент неудовлетворенности – иначе мы не могли бы образовать и теоретического суждения, предполагающего *оценку* жизни с точки зрения искомого ее идеала. И, с другой стороны, мы не могли бы ничего искать, ничем сознательно томиться, если бы мы вообще не были сознательными существами, если бы мы не могли *знать* и нашей нужды, и того, что нам нужно для ее утоления. Как бы часто холодное суждение мысли ни расходилось на поверхности нашего сознания с несказуемым, нам самим непонятным порывом нашего существа, – в последней глубине они слиты между собой в неразрывном единстве. Мы хотим *знать*, чтобы жить; а жить – значит, с другой стороны, жить не в слепоте и тьме, а в свете знания. Мы ищем живого знания и знающей, озаренной знанием жизни. Свет не только освещает, но и согревает; а сила горения сама собой накаляет нас до яркого света. Истинная жизнь, которой мы ищем и смутное биение которой в нас мы ощущаем в самом этом искании, есть единство жизни и истины, жизнь, не только озаренная светом, но слитая с ним, «светлая жизнь». И в последней глубине нашего существа мы чувствуем, что свет знания и искомое нами высшее благо жизни суть две стороны одного и того же начала. Сверхэмпирическое, абсолютное в нас мы сразу сознаем и как свет знания, и как вечное благо – как то неизъяснимое высшее начало, которое русский язык обозначает непереводимым и неисчерпаемым до конца словом «правда».

И именно это абсолютное, этот живой разум или разумная жизнь, эта сущая, озаряющая и согревающая нас правда самоочевидно есть. Она есть *истинное бытие*, непосредственно нам данное или, вернее, в нас раскрывающееся; она достовернее всего остального на свете, ибо о всем, что нам извне дано, можно спрашивать: есть ли оно или нет, об истинном же бытии нельзя даже спрашивать, есть ли оно, ибо сам вопрос есть уже обнаружение его, и утвердительный ответ здесь *предшествует самому вопросу* как условие его возможности. Где-то в глубине нашего собственного существа, далеко от всего, что возможно в мире и чем мир живет, и вместе с тем ближе всего остального, *в нас самих* или на том пороге, который соединяет последние глубины нашего я с еще большими, последними глубинами бытия, есть Правда, есть истинное, абсолютное бытие; и оно бьется в нас и требует себе исхода и обнаружения, хочет залить лучами своего света и тепла всю нашу жизнь и жизнь всего мира, и именно это его биение, это непосредственное его обнаружение и есть та неутоленная тоска по смыслу жизни, которая нас мучит. Мы уже не одиноки в наших исканиях, и они не кажутся нам столь безнадежными, как прежде.

6. ОПРАВДАНИЕ ВЕРЫ

Но, конечно, и этого нам мало. То, что нам нужно для обретения подлинно существенного смысла жизни, есть, как мы знаем, во-первых, бытие Бога как абсолютной основы для силы добра, разума и вечности, как ручательства их торжества над силами зла, бессмыслия и тленности и, во-вторых, возможность для меня лично, в моей слабой и краткой жизни, приобщиться к Богу и заполнить свою жизнь им. Но именно эти два желания как будто абсолютно неосуществимы, ибо содержат в себе противоречие.

Бог есть единство всеблагости с всемогуществом. В Бога мы верим, поскольку мы верим, что добро есть не только вообще сущее начало, подлинная сверхмирная реальность, но и *единственная* истинная реальность, обладающая поэтому полнотой всемогущества. Бессильный бог не есть Бог; и мы поторопились выше назвать найденное нами сущее добро – Богом. Не заключается ли мучающая нас бессмысленность жизни именно в том, что лучи света и добра в ней так слабы, что лишь смутно и издалека пробиваются сквозь толщу тьмы и зла, что они лишь еле мерещатся нам, а господствуют и властвуют в жизни противоположные им начала. Пусть в бытии подлинно есть Правда; но она в нем затеряна и бессильна, пленена враждебными силами и на каждом шагу одолевается ими; мировая жизнь все-таки остается бессмысленной.

И тем более остается бессмысленной наша собственная жизнь. Мы-то, во всяком случае, каждый из нас пленен мирскими силами зла и слепоты, вихри их захватывают нас извне и мутят нас извнутри; жизнь наша разбивается, унесенная потоком времени; и *в нас* во всяком случае нет того в себе утвержденного покоя, той светлой ясности, той полноты бытия, которые нам нужны для смысла нашей жизни. И лишь смутно и с величайшим трудом мы догадываемся о прикосновенности нас к иному началу – к Правде; и эта Правда живет в нас слабой, бессильной, в тумане еле мерцающей искоркой (Funklein – так именно назвал божественное начало в нас Мейстер Экхарт). А нам нужно, чтобы она заполнила нашу жизнь и всю ее в себе растворила.

Оба условия оказываются неосуществленными. Более того, мы как будто ясно видим их неосуществимость. Ибо если само бытие Правды мы могли признать, несмотря на бессмысленность всей эмпирической жизни, – именно как особое начало, сверхмирное и сверхэмпирическое, – то ее могущество или ее всеединство – вне нас и в нас – мы как будто явно не имеем права признать, ибо оно противоречит бесспорному факту бессмысленности жизни.

Никакими логическими ухищрениями, никакими тончайшими рассуждениями нельзя распутать это противоречие, честно и до конца убедительно его преодолеть. И все же наше сердце его преодолевает, и в вере, в особом, высшем акте «сердечного знания» мы ясно усматриваем самоочевидную наличность условий смысла жизни – очевидность всемогущества Правды и полную совершенную утвержденность нас самих, всего нашего существа в ней. И эта вера есть не просто «слепая» вера, не «credo quia absurdum»[11]; с логической парадоксальностью, с «невероятностью» она сочетает высшую, совершенную достоверность и самоочевидность. И только по слабости нашей мы в жизни постоянно теряем уже достигнутую самоочевидность и снова впадаем в сознание ее «невероятности», в мучительные сомнения.

Когда мы с величайшей интенсивностью духовной воли вдумываемся или, вернее, разумно вживаемся и вчувствуемся в то высшее начало, которое явно предстоит нам как сущая Правда, то мы с совершенной очевидностью убеждаемся, что Правда и подлинное Бытие *есть одно и то же*. Правда не только просто есть; и она есть не только *Правда*. Она есть вместе с тем то, что мы называем в последнем, глубочайшем *смысле жизнью, бытием*; она есть наша абсолютно твердая и единственная *почва*, и вне ее все висит в воздухе, замирает; она есть то, противоположность чего есть небытие, смерть, исчезновение. В ней все укрепляется, приобретает прочность и полноту, расцветает и дышит полной грудью; вне ее все засыхает, отмирает, бледнеет, вянет и задыхается. И хотя фактически, кроме нее, есть многое другое, — весь эмпирический мир со всем множеством существ в нем, — но, поскольку мы мыслим его действительно вне абсолютной Правды, он становится тенью, призраком, тьмой небытия, и мы перестаем понимать, как он может существовать. Что бы ни говорил нам наш обыденный опыт, в глубине нашего существа живет высший критерий истины, который ясно усматривает, что вне Бога нет ничего и что только в Нем мы «живем, движемся и есмы».

С разных сторон мы можем подойти к этой самоочевидной, хотя и таинственной истине, разными способами можем помочь себе утвердиться в ее сознании. Здесь мы отметим те стороны, которые хотя и будучи сверхрациональными, ближе всего поддаются рациональному выражению.

Мы видели, что в состав сущей Правды входит момент, по которому она есть свет знания, теоретическая истина или созерцание, раскрытие бытия. Но в подлинном, последнем смысле быть — это и значит сознавать или знать. Совершенно бессознательное бытие не есть бытие; быть значит быть *для себя*, быть себе раскрытым, быть самосознанием. Правда, мы видим вокруг себя множество вещей и существ, которые мы называем бессознательными, неодушевленными и даже мертвыми; и мы знаем, что наше тело обречено стать такою «мертвой» вещью и с содроганием ужаса сознаем, что это действительно так. Все эти мертвые неодушевленные существа и вещи *существуют* – они именно существуют «для нас», потому что мы их знаем или сознаем, но они не существуют для себя. Но хотя это так, – мы не понимаем, как это, собственно, возможно, и именно этот факт есть величайшая проблема философии. И, основываясь на нашем собственном опыте, на понятии о бытии, которое мы имеем в лице нашего собственного бытия (а, в последнем счете, откуда еще мы могли бы почерпнуть понятие бытия?), – мы приходим к убеждению, что либо эти мертвые вещи совсем не существуют в себе, а «существуют» *только* «для нас», т.е. как представления нашего сознания, и значит в подлинном смысле не существуют, либо же – и таков окончательный вывод, ввиду неудовлетворительности первого предположения, – существуя в себе, они хоть в зачаточной, смутной, потенциальной форме существуют и для себя, сознают себя, суть угасающие, еле тлеющие искорки абсолютного Света. То, что есть, как-то (хотя бы зачаточно) *живет*, а то, что *живет*, как-то (хотя бы тоже лишь зачаточно) одушевлено и сознательно. В последней глубине бытия нет ничего, кроме света, и лишь на поверхности бытия мы видим, – в силу ли искаженности самого бытия или по нашей недальновидности, – слепоту и тьму. Но абсолютная тьма и абсолютная темнота есть такая же бессмыслица, как абсолютное небытие; небытия именно и нет, все, что есть, бытие; а потому все, что есть, есть бытие для себя, свет знания, обнаружение сущей истины. И мы понимаем, что свет есть не случайное начало, откуда-то взявшееся в мире и затерявшееся в нем, рискуя ежемгновенно погаснуть, быть разрушенным тьмой. Мы постигаем, наоборот, что свет есть начало и сущность всего, что свет и бытие есть одно и то же, единственное истинно Сущее. «В начале было Слово, и Слово было у Бога, и

Слово было Бог. Оно было в начале у Бога. Все через него начало быть, и без него ничто не начало быть, что начало быть. В Нем была жизнь и жизнь была свет человеков. И свет во тьме светит, и тьма не объяла его» (Иоан., 1, 1–5).

Этот сверхмирный и объемлющий мир Свет есть вместе с тем вечное начало; более того, он есть сама вечность. В лице всякой истины, хотя бы самой эмпирической по своему содержанию и доступной самому ограниченному уму, мы постигаем вечность и смотрим на мир из вечности. Ибо всякая истина как таковая есть усмотрение вечного смысла, она навеки фиксирует хотя бы единичное, мимолетное явление, она имеет силу раз навсегда. И поскольку мы сознаем Свет как первооснову бытия и как единственное подлинное бытие, мы тем самым познаем, что мы утверждены в вечности, что вечность со всех сторон объемлет нас и что самый поток времени немыслим иначе, как в лоне вечности и, как говорил Платон, в качестве «подвижного образа вечности»[12]. И не только мы ясно сознаем, что вечность *есть* – как могло бы не быть то, смысл чего есть бытие раз навсегда, всеобъемлющая и в себе утвержденная полнота и целокупность бытия, – но мы сознаем, что вечность и бытие есть, собственно, одно и то же. Ибо то, что не вечно, что возникает и исчезает, – лишь переходит из небытия в бытие и обратно – из бытия в небытие; оно то включается, то исключается из бытия; и так как все временное в своей изменчивости в сущности ежемгновенно частично погибает и возобновляется, то оно совсем *не есть*, а только как бы скользит у порога бытия. И мы сами, в качестве временных существ, только скользим по поверхности бытия; но, сознавая все, и себя самих, в свете вечности – а иначе ничего и нельзя сознавать – мы вместе с тем уже в лице этого сознания подлинно *есмы*, а поскольку мы не только нашей мыслью приобщаемся к вечному свету, а стараемся жизненно впитать его в себя или, вернее, жизненно усмотреть нашу исконную утвержденность в нем, мы знаем, что это подлинное – или, что то же –

вечное бытие есть основа и последняя сущность всего нашего существа. Откуда бы ни взялось не-вечное, временное существование, этот всеразрушающий и всепоглощающий поток изменчивости и тленности, – мы ясно видим, что он есть не существо бытия и не положительная и самостоятельная сила, а лишь умаленность, неполнота, ущербленность бытия, и что это дефективное бытие не способно поглотить в себе и увлечь за собой твердыню вечности, на почве которой оно само только и возможно. Бытие и вечность, вечная жизнь есть просто *одно и то же*; вечность есть не что иное, как целокупная, всеобъемлющая, сразу данная полнота бытия; и эта вечность есть наше исконное достояние, она всегда как бы готова нас принять в свое лоно, и только от нас, от нашей духовной энергии и готовности к самоуглублению зависит – пойти ли навстречу ей или бежать от нее на ту умаленную периферию, в ту «тьму кромешную», в которой все течет и ничто не прочно.

Мы видели, далее, что Правда есть высшее благо, совершенство, полнота удовлетворенности и что это благо, раз мы его усматриваем, – без чего невозможно было бы само его искание, – необходимо *есть*. Но оно тоже не просто «есть», в числе многого иного. Именно здесь то полное, адекватное знание, которое мы назвали «сердечным знанием» или верой, ясно говорит нам, что высшее добро или совершенство и бытие есть одно и то же, что на самом деле и в последней глубине оно одно только *истинно есть* и его-то мы разумеем, когда говорим о бытии – о том истинном бытии, которое нам нужно и которого мы ищем. Для отвлеченного или теоретического знания это есть наиболее трудное и парадоксальное утверждение. Не видим ли мы, что многое существующее на свете или, вернее, даже все на свете – несовершенно, дурно? Не видим ли мы даже, что совершенство, напротив, неосуществимо в мире и есть *только* предмет нашей мечты, нашего бессильного томления. Так, для холодного теоретического знания реальность становится синонимом несовершенства, а совершенство – синономом нереальности, только «идеалом», чем-то только воображаемым, мечтаемым, бесплотным и призрачным. И, конечно, поскольку под бытием мы будем разуметь эмпирическое существование, реальность мировой природы, ближайшим образом и непосредственно так оно и есть на самом деле. Но нам уже открылось, что эмпирическое существование как таковое не только не исчерпывает собой бытия, но совсем не принадлежит к нему, не есть истинное бытие, и что вместе с тем это истинное бытие самоочевидно есть. И когда мы всем существом нашим вглядываемся и сознательно вживаемся в это истинное бытие, мы знаем, что оно есть именно то, что мы зовем совершенством или высшим благом.

Здесь мы должны вспомнить то, о чем мы говорили при рассмотрении условий возможности смысла жизни. Простое существование как дление во времени и вместе с тем как бессмысленная растрата сил жизни в погоне за ее сохранением, конечно, не есть высшее благо, не есть абсолютная ценность, а есть нечто, что осмысляется лишь через отдачу его на служение истинному благу. Но, с другой стороны, это истинное благо, которого мы ищем, не есть какая-то ценность с особым, ограниченным содержанием – будь то наслаждение, или власть, или даже нравственное добро. Ибо все это само требует оправдания, в отношении всего этого опять встает неотвязный вопрос: «для чего?». Мы же ищем такого блага, которое давало бы полноту непосредственной удовлетворенности и о котором уже никто не мог бы спросить: «для чего оно?» – и именно такое благо мы называем совершенством. А что значит: полнота непосредственной удовлетворенности? Что значит вообще найти настоящее, последнее удовлетворение? Мы уже видели это выше: это значит найти *истинную жизнь*, обнаружение и осуществление жизни не как бедного содержанием, текучего, краткого и потому бессмысленного отрывка, а как всеобъемлющей полноты бытия. Мы стремимся к полной, прочной, безмерно-богатой жизни – или, попросту говоря, мы стремимся обрести саму жизнь в противоположность ее призрачному и обманчивому подобию. То сознание, которое в искаженно-смутной форме и с лживым, обманчивым содержанием живет во всех наших порывах, страстях и мечтах и образует последнюю, глубочайшую их движущую силу – сознание: «мы хотим *жить*, подлинно жить, а не только довольствоваться пустым подобием жизни или бесплодной растратой ее сил», – это сознание есть и существо искания смысла жизни; оно выражает наше основное и первичное стремление. В этом смысле, как мы видели (гл. 3) верно утверждение: «жизнь для жизни нам дана». Нет блага выше самой жизни – но только *подлинной жизни* как осуществления и изживания, творческого раскрытия абсолютных глубин нашего существа. Совершенство и жизнь одно и то же; а так как жизнь есть не что иное, как внутренняя сущность бытия, как подлинное для себя бытие, самоизживание и самораскрытие бытия, то *совершенство и бытие есть одно и то же*.

Совершенство не может быть только «идеалом», его нет ни в чем, что не есть, а только «должно быть». Какое же это совершенство – быть только призраком, тенью, сном человеческой души? То, что мы разумеем под совершенством и чего мы ищем как единственного абсолютного блага, есть, напротив, само *бытие*. Последняя, чаемая нами абсолютная глубина бытия, последняя его почва, – и высшее благо, совершенство, совершенная радость, блаженство и светлый покой есть *одно и то же*. Этого дальше нельзя разъяснить, этого никаким производным образом нельзя доказать, и для эмпирического сознания это всегда есть парадокс или голословное утверждение; для сердечного же знания это есть самоочевидная истина, не требующая никакого доказательства и не допускающая его именно по своей очевидности. Это есть простое описание того, чем живет наше сердце и что для него не субъективное его «чувство» или «мечта», а самоочевидно раскрывающаяся последняя глубина сущего. Последнее, абсолютное бытие есть блаженство и совершенство; и наоборот: блаженство и совершенство есть последнее, глубочайшее бытие, основа всего сущего – так воочию раскрывается перед нами последняя тайна бытия. Лучший образец и символ этой тайны есть, как мы уже говорили, *любовь*. Ибо любовь, истинная любовь, и есть не что иное, как радость жизни, или жизнь как полнота радости – внутреннее, неразрывное единство жизненной полноты и интенсивности, удовлетворения. Жажда жизни и бытия с радостью, блаженством, счастьем. И потому мы понимаем, что «Бог есть любовь». «Любовь от Бога, и всякий любящий рожден от Бога. Кто не любит, тот не познал Бога, потому что Бог есть любовь» (1Ин. 4, 7–8). «Бог есть любовь, и пребывающий в любви пребывает в Боге, и Бог в нем» (1Ин. 4, 16).

В этом – существо религиозной веры. Это сознание тождества последних глубин бытия с абсолютным совершенством, благостью и блаженством есть то последнее проникновение в тайну бытия, которое спасает нас от ужаса жизни. В человеческой душе живут два основных, глубочайших чувства, образующих как бы последние два корня, которыми она соприкасается с абсолютным. Одно есть чувство ужаса и трепета перед глубиной и безмерностью *бытия*, перед бездонной бездной, со всех сторон нас окружающей и готовой ежемгновенно нас поглотить; другое есть жажда совершенства, счастия, умиротворения, последнего светлого и согревающего приюта для души. Душа наша раздирается противоположностью этих двух чувств, она мечется, то охваченная паническим ужасом перед безмерностью бытия, то привлеченная неизъяснимой сладостью мечты о спасении и упокоении. В наших смутных и слепых страстях, в бешенстве исступления, в оргийном опьянении вином и половой страстью, в взрывах ярости мы испытываем больное, извращенное единство этих противоборствующих сил: сам ужас здесь дает мимолетное наслаждение, само наслаждение наполняет сердце ужасом.

Есть упоение в бою
И бездны мрачной на краю.
Все, все, что гибелью грозит,
Для сердца смертного таит
Неизъяснимы наслаждения[13].

Но нам даровано и искупление от этого мучительного противоборства глубочайших сил нашего духа, от этого болезненно-противоестественного их смешения. Мы обретаем его тогда, когда энергией нашего духовного устремления в последние глубины бытия и вместе как незаслуженный дар свыше мы вдруг открываем, что эти два чувства только по слабости и слепоте своей расходятся и противоборствуют между собой, а в последней своей основе суть одно и то же чувство, усмотрение одного и того же абсолютного начала. Это высшее, центральное и объединяющее чувство, вносящее мир и успокоение в нашу душу, есть *благоговение*. Благоговение есть непосредственное единство страха и любовной радости. В нем мы открываем, что безмерные глубины жизни несут нашей душе не слепое и парализующее нас чувство безысходного ужаса, а радостное сознание *величия* и *неизъяснимой полноты бытия*, и что радость, счастие, покой, по которым мы томимся, суть не мечта, не бегство от бытия, а первооснова самых неисповедимых глубин бытия. Благоговение есть «страх Божий», страх, дарующий слезы умиления и радость совершенного покоя и последнего приюта. Благоговение есть страх, преодоленный любовью и насквозь пропитанный и преображенный ею. «В любви нет страха, но совершенная любовь изгоняет страх; потому что в страхе есть мучение; боящийся же несовершенен в любви» (1Ин. 4, 18).

В этом непосредственном чувстве благоговения, с неизъяснимой, но совершенной очевидностью раскрывающем нам последнюю тайну бытия как единства бытия и совершенства, бытия и высшей радости, сразу даны нам те два условия, которые нам нужны для осмысления нашей жизни. Ибо в нем, с одной стороны и прежде всего, нам непосредственно открывается бытие Бога именно как последней глубины, как единства *всемогущества* и *всеблагости*. Как бы парадоксально ни было для эмпирического сознания и перед лицом фактов эмпирической жизни это убеждение, оно есть для нас реальный, опытно удостоверенный и потому самоочевидный факт; и здесь – как и всюду – наше неумение примирить этот факт с другими фактами, наше недоумение, как связать несовершенство и зло мировой жизни с реальностью всеблагого и всемогущего Бога, не может ведь опровергнуть самого факта – ибо он просто самоочевидно есть, – а только ставит перед нашей религиозной мыслью новые задачи; и, при всей трудности их разрешения, мы ясно знаем, что несовершенство мира не есть ни вина Бога, ни результат Его слабости, а имеет какой-то иной источник, согласимый и с всемогуществом и с всеблагостью Божией.

С другой стороны, непосредственно вместе с этим удостоверением бытия Бога нам удостоверяется и наша причастность к Нему. Его близость и доступность нам и, следовательно, возможность для нас обретения полноты и совершенства божественной жизни. Ибо Бог не только *открывается* нам как иное, высшее, безмерно превосходящее нас абсолютное начало; но вместе с тем Он открывается нам как источник и первая основа нашего собственного бытия. Ведь мы непосредственно чувствуем, что мы лишь постольку живем и подлинно существуем, поскольку есмы в Нем и Его силой. Он Сам есть наше бытие. Будучи его творениями – творениями «из ничего», бессильными и ничтожными созданиями, ежемгновенно, без Его творческой силы, готовыми провалиться в бездну небытия, мы вместе с тем сознаем себя «образом и подобием Бога» – ибо Он Сам светит не только нам, но и в нас. Его сила есть основа всего нашего бытия. Более того, мы сознаем себя «сынами Божиими», мы сознаем

Богочеловечество, связь Бога с «человеком» (как сущей идеальной первоосновы всякого эмпирического, тварного человека) в качестве основного, первичного факта самого абсолютно бытия. Мы не можем отожествить себя с Богом, но мы не можем и отделить себя от Бога и противопоставить себя Ему, ибо мы в то же мгновение исчезаем, обращаемся в ничто. И мы начинаем прозревать тайну Боговочеловечения и Боговоплощения. Богу мало было сотворить мир и человека, Ему надо было еще наполнить и пронизать Собою человека и мир. Его предвечное Слово, свет и жизнь человеков, еще прежде создания мира, предопределило то полное, совершенное Свое откровение, которое явлено было в Боговочеловечении. Мы только еле коснулись здесь этой тайны, и полнота ее еще не раскрыта нам; но мы понимаем ее первичный, необходимый смысл. Мы знаем, что, будучи бессильными, тленными и порочными существами, ежемгновенно угрожаемыми гибелью – гибелью физической и духовной, – мы вместе с тем потенциально вечны, потенциально всемогущи и приобщены к всеблагости вечной силою Богочеловека, что Христос всегда с нами до скончания веков и что лишь от нас самих зависит сполна, целиком наполниться Им, «облечься в Него», прирасти к Нему, как ветвь к лозе, и тем самым напитаться божественной жизнью, «обожиться». И здесь мы также понимаем, что, как бы трудно ни было нашей мысли объяснить противоречие между нашей эмпирической нищетой и тленностью и метафизической нашей полнотой и вечностью, это «противоречие» так же мало «опровергает» самоочевидный факт нашей божественности, как мало нищета и убожество человека может опровергнуть знатность его происхождения, достоинство его крови. Какие бы трудности ни представляло объяснение этого противоестественного сочетания признаков в человеке, оно *должно* быть возможно, и основной его смысл нам даже сразу ясен: он сводится, очевидно, к некоему «падению», к некоторой слабости человека, в которой он сам повинен и которая связана с его свободой, т.е. с самим его Богоподобием.

Бог есть основа человеческой жизни, ее питание – то, что ей самой нужно, чтобы быть подлинной жизнью, чтобы выявить и воплотить себя, чтобы незыблемо себя утвердить. Существование Бога как всеблагости и вечной жизни – в этом, христианском его понимании – *совпадает* с близостью, доступностью Его человеку, с способностью человека приобщиться Божеству и заполнить Им свою жизнь. Оба условия смысла жизни даны *сразу* – в нераздельном и неслиянном Богочеловечестве. В силу него Божье дело есть мое собственное дело, и отдавая свою жизнь служению Богу, рассматривая всю ее как путь к абсолютному совершенству, я не теряю жизни, не становлюсь рабом, который служит другому и сам остается с пустыми руками, а, напротив, впервые обретаю ее в этом служении. «Кто хочет душу свою сберечь, тот потеряет ее; а кто потеряет ее ради Меня, то сбережет ее. Ибо что пользы человеку, приобресть весь мир, а себя самого погубить» (Лук. IX, 24–25). Заповедь: «будьте совершенны, как совершенен Отец ваш небесный» – эта единственная всеобъемлющая заповедь нашей жизни – или, что то же – заповедь бесконечной, всеми силами души, любви к Богу есть вместе с тем путь к обретению вечного и нетленного сокровища, к обогащению нашей души. Не человек для субботы, а суббота для человека, и наш Путь есть не смерть, а Жизнь. Поистине, прав Господь, сказавши: «иго Мое благо, и бремя Мое легко».

Но вместе с тем это есть путь борьбы и отречения – борьбы Смысла жизни против ее бессмысленности, отречения от слепоты и пустоты ради света и богатства жизни. Действию Бога в нас и, тем самым, подлинному осуществлению нашей жизни всюду противодействуют – вне нас и в нас – бессмысленные силы мира, стремящиеся погубить нас. Но таинственный и сердцу столь очевидный смысл христианской веры учит нас, что за видимым торжеством зла, смерти и бессмыслия таится невидимая и все же удостоверенная победа Бога над злом, смертью и бессмыслием. «Иудеи требуют чудес, и Еллины ищут мудрости; а мы проповедуем Христа распятого, для Иудеев соблазн, а для Еллинов безумие» (1 Коринф. 1, 22–23). Наша чувственная природа требует, чтобы в эмпирическом, чувственном мире было удостоверено торжество Бога над слепыми силами мира, иначе мы не хотим поверить в Него; и Иудеи требовали, для веры в Христа, чтобы Он сошел с креста. И наш разум, наша потребность в логической очевидности, требует, чтобы нам философски было *доказано*, что в бытии есть смысл, что Бог подлинно есть. Но вера, будучи «уверенностью в невидимом», «вещей обличением невидимых», с *самоочевидностью* свидетельствует о том, что расходится с эмпирическими фактами чувственного бытия и превосходит всяческую логическую убедительность. «Блаженны не видевшие и уверовавшие». Это не есть призыв к слепой вере, к рабской покорности авторитету, к ребяческой доверчивости; это есть призыв к духовному видению, к готовности усмотреть и признать *высшую* очевидность вопреки свидетельству *низшей* очевидности. Ведь и в других областях, и в области научного знания нужна аналогичная вера. Когда Галилей вопреки показаниям чувственной очевидности и настояниям авторитетов утверждал, что Земля вращается, он так же жертвовал очевидностью низшего порядка ради относительно высшей очевидности математического умозрения. Воля к вере, упорство в отстаивании веры нужны не для того, чтобы слепо доверять невозможному и бессмысленному; они нужны, чтобы упорствовать в сознании, что *высшая очевидность* имеет преимущества над низшей, которая психологически хотя и действует сильнее на нашу природу, но логически имеет за себя меньше оснований, чем высшая очевидность, и по существу никогда не может опровергнуть последнюю, а может лишь, по нашей слабости, неправомерно вытеснить ее из нашего сознания, заглушить ее в нас. Христианство учит нас этой вере в высшую очевидность Богочеловечества, Бога как единства блага и жизни, воплощенности Смысла в жизни и потому осуществимости его для нас – *несмотря* на эмпирическую бессмысленность жизни и логическую невозможность ее «философски» осмыслить. Это христианское откровение Бога в воплощении Бога-Слова только раскрывает нам *последнюю очевидность*, которую смутно прозревали все великие религиозные мыслители, которую смутно ощущает всякая человеческая душа, ибо «душа – по природе христианка»[14], как сказал Тертуллиан. Абсолютная осуществленность, воплощенность Слова – Смысла жизни, и потому его осуществимость в жизни каждого из нас есть очевидность, сохраняющая силу *вопреки* бессмысленности эмпирической жизни. Достоевский где-то признается, что его любовь ко Христу так велика, что, если бы истина была против Христа, он был бы на стороне Христа – против истины[15]. Мысль выражена, по-видимому, нарочито наивно, потому что не может быть истина против Того, Кто сам есть абсолютная полнота живой Истины. Но смысл ее хорошо понятен. Высшая, последня Истина постигается в христианстве через *преодоление* истины низшего порядка – чувственного и логического – и имеет силу *вопреки им*. Истина, открытая христианством, – истина богочеловечества, основанная на истине Богочеловека, на живом явлении самого Бога, – дарует нам уверенность – и вместе с тем требует нашей веры, что существо, распятое и умершее на кресте, есть единородный Сын Божий, в котором обитает вся полнота Божества и которое своим воскресением незыблемо утвердило победу жизни над смертью, смысла жизни над ее бессмыслием. Метафизическое всемогущество Добра удостоверено в самом его эмпирическом бессилии, невозможное для людей не только возможно, но самоочевидно есть у Бога и через Бога. И потому условия смысла жизни *самоочевидно* осуществлены, несмотря на эмпирическую бессмысленность жизни.

И теперь мы понимаем, что наши жалобы на бессмысленность жизни, на невозможность обрести в ней смысл, по крайней мере отчасти, просто неправомерны. Жизнь *имеет* смысл, и этот смысл легко и просто осуществим для каждого из нас – ибо Бог с нами, в нас.

Он здесь, теперь. Средь суеты случайной,
В потоке мутном жизненных тревог,
Владеешь ты всерадостною тайной:
Бессильно зло. Мы вечны. С нами Бог[16].

Кто этого не видит и не замечает, тот сам виноват – его глаза слишком близоруки, его внимание слишком слабо и несосредоточенно. Что *эмпирическая* жизнь мира бессмысленна, это принадлежит к ее существу, это так же бесспорно и естественно, как то, что выдранные из книги клочки страниц бессвязны, или то, что в темноте нельзя ничего увидать. Поэтому заключается внутреннее противоречие в самой попытке отыскать абсолютный смысл в эмпирической жизни или до конца «осмыслить» ее. Мы, правда, имеем законное желание и праведную надежду, чтобы все в бытии было осмысленно и чтобы всяческая бессмыслица исчезла, сгинула, не существовала. Но истинный смысл этого желания в молитве: «да приидет царство Твое», истинная цель этого упования, чтобы Бог был «всем во всем». Его смысл совпадает с последней задачей – чтобы весь мир растворился в Боге и перестал существовать как нечто отдельное от Бога, т.е. как мир, чтобы времени больше не было; это есть надежда, залог которой – в воскресении Христа – надежда на последнее преображение, которое совпадает с концом мира. Везде же, где мы одержимы смутной жаждой осмыслить мир как он есть и в мирских же формах осуществить Истинную Жизнь и абсолютный смысл, мы впадаем в противоречие, мы жертвуем, из нетерпения видеть смысл жизни осуществленным, необходимыми, именно Божественными условиями его осуществимости; и, что хуже того, мы сознательно или бессознательно *изменяем* нашей высшей цели, вместо подлинного, т.е. абсолютного, смысла, хотим успокоится на каком-то относительном, мирском, т.е. бессмысленном «смысле».

«Но зачем же нужно было вообще существование этого бессмысленного мира? Отчего Бог не мог сотворить человека и вселенской жизни так, чтобы она сразу и раз навсегда была в Нем, была проникнута Его благодатью и Его разумом? Кому и для чего нужны наши страдания, наши немощи, наша слепота? Раз они есть, жизнь все-таки бессмысленна и нельзя найти ей никакого оправдания!» Такое возражение постоянно приводят с торжеством неверующие, и, как сомнение, оно часто смущает и верующих. Мы забываем при этом, что пути Господни неисповедимы, мы забываем, что Бог, будучи всеблаг и всеведущ, ведает те глубины блага и разума, которые нам недоступны. Так божественное откровение в книге Иова и в речениях пророков само отвечает на это недоумение. Едва прикоснувшись к таинственной самоочевидности для нас божественного бытия, мы уже думаем, что исчерпали ее, и судим о ней по нашим, человеческим понятиям добра и разума. Откуда мы знаем, что то, что *мы* считаем благом и разумом, подлинно благостно и разумно? Ведь вся наша жизнь, как мы уже знаем, проходит в заблуждениях, в слепой погоне за иллюзорными, обманчивыми благами!

Но нам нет надобности ограничиться простой ссылкой на непостижимость для нас Божьего промысла. Ибо Бог, будучи непостижимым, вместе с тем всегда открывает Себя нам, и нам нужно только научиться воспринимать Его откровения. Не видим ли мы часто в жизни, в мгновения духовного просветления, что постигнувшие нас бедствия, страдания, зло служат к нашему благу, суть очищающие и благодетельные кары Божии – проявление Его любви и мудрости? Не сознаем ли мы и теперь, поскольку мы не совсем ослеплены нашими страстями – все равно, индивидуальными или общими, – что тот хаос бессмыслицы и зла, который затопил нашу родину и потопил нас всех, имеет вместе с тем какой-то глубочайший религиозный смысл, что он есть, очевидно, для нас единственный верный путь к религиозному, т.е. подлиному возрождению нашей жизни, единичной и национальной? Отчего же мы, руководствуясь этим примером и множеством ему подобных, не можем допустить, что мировая бессмыслица в целом есть такой же, нужный нам и, значит, осмысленный путь к истинной жизни, хотя мы и не понимаем, почему это так?

Впрочем, в одном отношении, и притом в самом главном, мы даже способны это понять. Где-то в Талмуде фантазия еврейских мудрецов рассказывает о существовании святой страны, в которой не только все люди, но и вся природа повинуется беспрекословно заповедям Божиим, так что, во исполнение их, даже река перестает течь по субботам. Согласились ли бы мы, чтобы Бог с самого начала создал нас такими, чтобы мы автоматически, сами собой, без размышления и разумного свободного решения, как эта река, исполняли Его веления? И был ли бы тогда осуществлен смысл нашей жизни? Но если бы мы автоматически творили добро и по природе были разумны, если бы все кругом нас само собой и с полной, принудительной очевидностью свидетельствовало о Боге, о разуме и добре, – то *все сразу стало бы абсолютно бессмысленным*. Ибо «смысл» есть разумное осуществление жизни, а не ход заведенных часов, смысл есть подлинное обнаружение и удовлетворение тайных глубин нашего «я», а наше «я» немыслимо вне свободы, ибо свобода, спонтанность, требует возможности нашей собственной инициативы, а последняя предполагает, что не все идет гладко, «само собой», что есть нужда в творчестве, в духовной мощи, в преодолении преград. Царство Божие, которое получалось бы совсем «даром» и было бы раз навсегда предопределено, совсем не было бы для нас царством *Божиим*, ибо в нем мы должны быть свободными соучастниками божественной славы, сынами Божиими, а тогда мы были бы не то что рабами, а мертвым винтиком какого-то механизма. «Царствие Небесное силою берется, и употребляющие усилие восхищают его», ибо в этом усилии, в этом творческом подвиге – необходимое условие *подлинного* блаженства, подлинного смысла жизни. Так мы видим, что эмпирическая бессмыслица жизни, с которой должен бороться человек, против которой он должен в максимальной мере напрягать свою волю к подвигу, свою веру в реальность Смысла, – не только не *препятствует* осуществлению Смысла жизни, но загадочным, до конца не вполне постижимым и все же опытно понятным нам образом есть само *необходимое условие* его осуществления. Бессмысленность жизни нужна как преграда, требующая преодоления, ибо без преодоления и творческого усилия нет реального обнаружения свободы, а без свободы все становится безличным и безжизненным, так что без нее не было бы ни осуществления *нашей* жизни, жизни самого *моего* «я», ни осуществления самой его *жизни* в ее последней, подлинной глубине. Ибо «широки врата, и пространен путь, ведущий в погибель, и тесны врата и узок путь, ведущие в жизнь». Лишь кто возложит крест на плечи свои и последует за Христом, обретет подлинную жизнь и подлинный смысл жизни. И это есть не «печальная необходимость», основанная на каком-то непонятном и случайном, внешнем для нас несовершенстве мира; это есть глубочайший, таинственный внутренний закон человеческой жизни, в силу которого самое существо жизни состоит в свободе, в самопреодолении, в возрождении через умирание и жертву – закон, символ которого указан в пшеничном зерне, которое, павши в землю, не оживет, если не умрет. Мы стоим здесь перед последней самоочевидностью, которая столь же таинственна, но и столь же непосредственно понятна нашему сердцу, как и вся наша жизнь.

Отсюда ясно, почему «смысл жизни» нельзя, так сказать, найти в готовом виде раз навсегда данным, уже утвержденным в бытии, а можно только добиваться его осуществления. Ибо смысл жизни *не дан* – он *задан*. Все –

«готовое», все, существующее вне и независимо от нашей воли и от нашей жизни вообще, есть либо мертвое, либо чуждое нам и пригодное разве в качестве вспомогательного средства для нашей *жизни*. Но смысл жизни должен ведь быть смыслом самой нашей жизни, он должен быть в ней, принадлежать к ней, он сам должен быть живым. Жизнь же есть действенность, творчество, самопроизвольное расцветание и созревание извнутри, из собственных глубин. Если бы мы могли *найти* вне нас готовый «смысл жизни», он все-таки нас не удовлетворил бы, не был бы смыслом нашей жизни, оправданием нашего собственного существа. Смысл нашей жизни должен быть *в нас*, мы сами *своею жизнью должны являть его*. Поэтому искание его есть не праздное упражнение любознательности, не пассивная оглядка вокруг себя, а есть волевое, напряженное самоуглубление, подлинное, полное труда и лишений погружение в глубины бытия, невозможное без самовоспитания. «Найти» смысл жизни значит сделать так, чтобы он был, напрячь свои внутренние силы для его обнаружения – более того, для его осуществления. Ибо, хотя первое его условие – бытие Бога – есть от века сущая первооснова всего остального, но, так как само это бытие есть *жизнь* и так как мы должны приобщиться к нему. Бог же не есть Бог мертвых, но Бог живых, то мы должны через максимальное напряжение и раскрытие нашего существа «искать» смысла жизни и улавливать его в творческом процессе приобретения и приобщения к нему. Поэтому также искание смысла жизни есть всегда борьба за смысл против бессмыслицы, и не в праздном размышлении, а лишь в подвиге борьбы против тьмы бессмыслия мы можем добраться до смысла, утвердить его в себе, сделать его смыслом своей жизни и тем подлинно усмотреть его или уверовать в него. Вера, будучи «вещей обличением невидимых», невозможна без действия; она сама есть напряженное внутреннее действие, которое необходимо находит свое обнаружение в действенном преобразовании нашей жизни; и потому «вера без дела мертва есть».

В этом преобразующем действии, а не в каком-либо теоретическом размышлении, можно найти и последнее разрешение того противоречия между истинной жизнью и всей нашей эмпирической природой, о котором мы уже говорили выше. Мы видели, что зло и несовершенство нашей эмпирической природы каким-то непостижимым образом нужно для осуществления смысла жизни, ибо без него невозможна была бы *свобода подвига*, а без последней смысл жизни не был бы подлинным смыслом, не был бы тем, чего мы ищем. Напряженность противоположности между бытием и существованием, между жизнью и ее злым и мнимым подобием каким-то образом выражает само существо нашей жизни как пути к совершенству. Она должна быть, чтобы быть *уничтоженной*. Ибо это противоречие, теоретически до конца не устранимое, практически может и должно быть преодолено. Правда, не в нашей власти – не во власти нас, слабых, ограниченных и отравленных злом существ – доставить последнее, окончательное торжество истинному бытию и сущностному добру. Только *оно само* и может достигнуть этого торжества; но ведь оно – как мы уже усмотрели это в тождестве совершенства и бытия и как христианская вера учит тому в лице факта искупления и воскресения Христова – в основе *уже имеет* эту власть, уже достигло победы. Но от нас зависит *уничтожить в себе то*, что этому противоречит, сделать так, как это говорит апостол про себя, чтобы в нас жили уже не мы сами, а жил лишь сам Богочеловек Христос. Это по примеру самого Христа совершаемое попрание смерти (и, следовательно, бессмысленности жизни) – смертью, это добровольное самоуничтожение своего тварного существа ради торжества в нас нашего божественного существа есть реальное, подлинное преодоление основного мучительного противоречия нашей жизни, реальное достижение «Царства Небесного». И оно – в нашей власти. Таково последнее, не умственно-теоретическое, а действенно-жизненное преодоление мировой бессмыслицы истинно сущим смыслом жизни. Его символ есть крест, принятие которого есть достижение истинной жизни.

7. ОСМЫСЛЕНИЕ ЖИЗНИ

Искание смысла жизни есть, таким образом, собственно «осмысление» жизни, раскрытие и внесение в нее смысла, который вне нашей духовной действенности не только не мог бы быть найден, но в эмпирической жизни и не существовал бы.

Точнее говоря, в вере как искании и усмотрении смысла жизни есть две стороны, неразрывно связанные между собою, – сторона теоретическая и практическая; искомое «осмысление» жизни есть, с одной стороны, усмотрение, *нахождение* смысла жизни и, с другой стороны, его действенное созидание, волевое усилие, которым оно «восхищается». Теоретическая сторона осмысления жизни заключается в том, что, усмотрев истинное бытие и его глубочайшее, подлинное средоточие, мы тем самым имеем жизнь как подлинное целое, как осмысленное единство и потому понимаем осмысленность того, что раньше было бессмысленным, будучи лишь клочком и обрывком. Как, чтобы обозреть местность и, понять ее расположение, нужно удалиться от нее, встать вне ее, на высокой горе *над нею* и только тогда действительно увидишь ее, – так для того, чтобы понять жизнь, нужно как бы выйти за пределы жизни, посмотреть на нее с некоторой высоты, с которой она видна целиком. Тогда мы убеждаемся, что все, что казалось нам бессмысленным, было таковым только потому, что было зависимым и несостоятельным отрывком. Наша единичная, личная жизнь, которая, при отсутствии в ней подлинного центра, кажется нам игралищем слепых сил судьбы, точкой скрещения бессмысленных случайностей, становится в меру нашего самопознания глубоко значительным и связным целым; а все случайные ее события, все удары судьбы приобретают для нас смысл, как-то сами собой укладываются, как необходимые звенья, в то целое, осуществить которое мы призваны. Историческая жизнь народов, которая, как мы видели, являет эмпирическому взору картину бессмысленно-хаотического столкновения стихийных сил, коллективных страстей или коллективного безумия, или свидетельствует лишь о непрерывном крушении всех человеческих надежд, – *созерцаемая из глубины*, становится, подобно нашей индивидуальной жизни, связным и разумным, как бы жизненно-предметно проходимым «курсом» самооткровения Божества. И глубокий немецкий мыслитель Баадер был прав, когда говорил, что, если бы мы обладали духовной глубиной и религиозной проницательностью составителей Священной Истории, вся история человечества, история всех народов и времен была для нас непрерывающимся продолжение Священной Истории. Только потому, что мы потеряли чутье и вкус к символическому смыслу исторических событий, берем их лишь с их эмпирической стороны и в чувственно-явственной или рассудочно-постижимой их части признаем все целое событий вместо того, чтобы через эту часть прозревать подлинное, метафизическое целое, – только поэтому события светской, «научно» познаваемой истории кажутся нам бессмысленным набором слепых случайностей. Прочитайте, после ряда «научных» историй французской революции, после Тэнов и Оларов, «Историю французской революции» Карлейля, который в 19-м веке сохранил хоть слабый остаток религиозного, пророческого восприятия жизни, и вы на живом примере можете убедиться, как одно и то же событие, смотря по духовной значительности воспринимающего его, то является просто безвкусным и бессмысленным хаосом, то развертывается в мрачную, но глубоко значительную и осмысленную трагедию человечества, обнаруживает разумную связь, за которой мы ощущаем мудрую волю Провидения. И если бы мы сами имели очи, чтобы видеть, и уши, чтобы слышать, то и теперь среди нас были бы Иеремии и Исайи, и мы поняли бы, что в таких событиях, как русская революция, крушение былой славы и могущества русского государства и скитания миллионов русских по чужбине, не менее духовной значительности, не менее явственных признаков Божьей мудрости, чем в разрушении храма и вавилонском пленении. Мы поняли бы, что если история человечества есть как будто история последовательного крушения всех человеческих надежд, то – лишь в той мере, в какой сами эти надежды слепы и ложны и содержат нарушение вечных заповедей Божьей премудрости, что в истории вместе с тем утверждается ненарушимая правда Божия и что, взятая вместе с ее первым, абсолютным началом – рождением человека из рук Бога и с ее необходимым концом – завершением предназначения человека на земле, – она становится страдальческим, но разумно-осмысленным путем всечеловеческой жизни.

И наконец, мировая космическая жизнь, которая, если брать ее как замкнутое в себе целое, есть тоже, несмотря на всю свою грандиозность, не что иное, как бессмысленная игра слепых стихий, – поставленная в связь с своим средоточием, с религиозным смыслом бытия, с судьбой в мире Богочеловечества, постигнутая как метафизическое целое, от своего абсолютного начала в сотворении мира до своего чаемого конца в преображении мира, также приобретает хотя бы смутно прозреваемый нами смысл. Ибо в космической жизни, постигаемой в ее неразрывной связи с жизнью вечной, с сверхвременным существом Бога, все есть *символ* – искаженное, затуманенное, как бы в смутном сне видимое отражение и проявление великих законов духовного бытия. Не только господствующее механическое мировоззрение, по собственной слепоте видящее в мире только набор мертвых рычагов, колес и винтов, но и виталистическое воззрение, постигающее космос как живую стихию, и даже античное пантеистическое постижение мира как живого существа не достигает здесь подлинного прозрения. Лишь христианские мистики и теософы, как Яков Беме и Баадер, имели это глубокое чутье, которое открывает глаза на мир и дает прозревать в нем видимое подобие невидимых сил и в его мнимослепых законах — воплощения разумных закономерностей духовного бытия. Но тогда, глядя на мир как на периферию абсолютного центра, открываешь, что он совсем не бессмыслен, а что на каждом шагу он нам обнаруживает следы своего происхождения из абсолютной Премудрости, и каждое явление природы есть символ, за которым или в котором может быть вскрыт глубочайший смысл. — Так, всюду ориентировка на первичное средоточие бытия, раскрытие завес, заслоняющих от нас его метафизические глубины, озаряет светом то, что раньше было сплошной тьмой, делает вечно значительным то, что, казалось, лишь проносится мимо нас в вихре хаоса. Всюду степень проникновения в смысл бытия зависит от духовной зоркости самого познающего, от степени утвержденности *его самого* в вечном Смысле жизни. Как говорил старый Гете: Isis zeigt sich ohne Schleier Nur der Mensch — er hat den Star («У Изиды нет покрова, лишь у нас — бельмо в глазу»).

Рядом с этим теоретическим осмыслением жизни идет другая сторона нашего духовного перевоспитания и углубления, которую можно назвать практическим осмыслением жизни, действенным утверждением в ней смысла и уничтожением ее бессмыслия.

Мы знаем и предвидим, что все развитые выше соображения для современного сознания, всецело ориентированного на мир и действенную работу в нем, покажутся чересчур «отрешенными от жизни», «безжизненными». Судьба мира и все человеческие дела все-таки остаются развенчанными, энтузиазм великих дел погашен, и жизненная мудрость приводит здесь к освобождению человека от исполнения его жизненного долга, к мироотрицающему «квиетизму» – так, вероятно, скажут противники намеченного здесь жизнепонимания. Что попытка осмыслить мир и жизнь осуществима лишь через отрешение от мира в смысле превозмогания его притязания иметь самодовлеющее и абсолютное значение, через утверждение себя в сверхмирной, вечной и истинно всеобъемлющей основе бытия – это есть просто самоочевидная истина, имеющая в области духовного знания значение элементарной аксиомы, без знания которой человек просто безграмотен. И если эта простая и элементарная истина противоречит «современному сознанию» или нашим предубеждениям, основанным на страстях, хотя бы самых благородных, то – *тем хуже для них*! Но если это жизнепонимание упрекнут в квиетизме, в проповеди «неделания» и пассивности, если под «отрешенностью» будут понимать замкнутость человека внутри себя, уход от жизни и отрыв от нее – то это будет чистым недоразумение, основанным на непонимании подлинного существа дела.

Мы видели только что, что духовная ориентировка на первооснове бытия и утверждение себя в ней не «обессмысливает» для нас жизни, а, наоборот, впервые открывает нам ту широту кругозора, при которой мы можем ее осмыслить. Самоуглубление здесь, в области знания, есть не замыкание духа, а напротив, его расширение, освобождение его от всяческой узости, обусловливающей его слепоту. Но *то же соотношение* господствует и в области практической, в сфере действенной жизни. Мы уже видели, что искание смысла жизни есть, собственно, борьба за него, творческое его утверждение через свободное внутреннее делание.

Здесь нам остается отметить еще одну сторону дела. Мы уже говорили о том, что «Бог есть любовь». Религиозное осмысление жизни, раскрытие своей утвержденности в Боге и связанности с Ним есть по самому своему существу *раскрытие человеческой души*, преодоление ее безнадежной в-себе-замкнутости в эмпирической жизни. Истинная жизнь есть жизнь в всеобъемлющем всеединстве, неустанное служение абсолютному целому, мы впервые подлинно *обретаем* себя и свою жизнь, когда жертвуем собой и своей эмпирической отъединенностью и замкнутостью и укрепляем все свое существо в ином – в Боге как первоисточнике всяческой жизни. Но тем самым мы глубочайшим, онтологическим образом связываем себя со всем живущим на земле и прежде всего – с нашими ближними и их судьбой. Известный образ Аввы Дорофея говорит, что люди как точки радиуса в круге чем ближе к центру круга, тем ближе и друг к другу. Заповедь: «люби ближнего, как самого себя» не есть дополнительная заповедь, извне, неведомо почему присоединенная к заповеди о безмерной, всеми силами души и всеми помышлениями, любви к Богу. Она вытекает из последней как ее необходимое и естественное следствие. Дети единого Отца, если они действительно сознают себя таковыми и в Отце видят единственную опору и основу своей жизни, не могут не быть братьями, не любить друг друга. Ветвь лозы, если не сознает, что она живет только соками, пробегающими по всей лозе и идущими от ее общего корня, не может не ощутить исконного единства своей жизни со всеми остальными ветвями. *Любовь* есть основа всей человеческой жизни, само ее существо; и если человек в миру представляется себе оторванным и замкнутым в себе куском бытия, который должен утверждать себя *за счет* чужих жизней, то человек, нашедший свое подлинное существо в мирообъемлющем единстве, сознает, что вне любви нет жизни и что он сам тем более *утверждает* себя в своем подлинном существе, чем более он превозмогает свою призрачную замкнутость и укрепляется в ином. Человеческая личность как бы снаружи замкнута и отделена от других существ; извнутри же, в своих глубинах, она сообщается со всеми ими, слита с ними в первичном единстве. Поэтому, *чем глубже человек уходит во внутрь, тем более он рас-*

ширяется и, обретает естественную и необходимую связь со всеми остальными людьми, со всей мировой жизнью в целом. Поэтому также обычное противопоставление самоуглубления – общению поверхностно и основано на совершенном непонимании структуры духовного мира, подлинной, невидимой чувственному взору структуры бытия. Обыкновенно возражают, что люди тогда «общаются» между собой, когда они вечно бегают, со многими встречаются, читают газеты и пишут в них, ходят на митинги и выступают на них, и что, когда человек погружается «в самого себя», он уходит от людей и теряет связь с ними. Это есть нелепая иллюзия. Никогда человек не бывает столь замкнутым, одиноким, покинутым людьми и сам забывшим их, как когда он весь разменивается на внешнее общение, на деловые сношения, на жизнь на виду, «в обществе»; и никто не достигает такого любовного внимания, такого чуткого понимания чужой жизни, такой широты мирообъемлющей любви, как отшельник, молитвенно проникший, через последнее самоуглубление, к первоисточнику мирообъемлющей вселенской жизни и всечеловеческой Любви и живущий в нем как единственной стихии своего собственного существа. Нерелигиозный человек может хоть до некоторой степени приблизиться к пониманию этого соотношения, если приглядится к постоянному соотношению между *глубиной* и *широтой* во всей сфере духовной культуры вообще: гений, личность, углубленная в себя и идущая своим путем, предуказанным собственными духовными глубинами, оказывается нужным и полезным всем, понятным еще позднейшим поколениям и отдаленным народам, потому что из своих глубин он извлекает *общее для всех*; а человек, живущий в суете непрерывного внешнего общения с множеством людей, готовый во всем им подражать, быть «как все» и жить вместе со всеми, знающий только наружную поверхность человеческой жизни, оказывается никчемным существом, никому не нужным и вечно одиноким…

Из этого основного соотношения духовного бытия, по которому наибольшая общность и солидарность находится в глубине, вытекает, что и подлинное, творческое и плодотворное дело совершается тоже только в глубине и что именно это глубокое, внутреннее делание есть общая работа, совершаемая каждым не для себя одного, а для всех. Мы видели, в чем заключается это настоящее, основное дело человека. Оно состоит в действенном утверждении себя в Первоисточнике жизни, в творческом усилии влить себя в него и Его в себя, укрепиться в нем и тем действенно осуществить смысл жизни, приблизить его к жизни и им разогнать тьму бессмыслия. Оно состоит в молитвенном подвиге обращенности нашей души к Богу, в аскетическом подвиге борьбы с мутью и слепотой наших чувственных страстей, нашей гордыни, нашего эгоизма, в уничтожении своего, эмпирического существа для воскресения в Боге. Обычно люди думают, что человек, творящий или пытающийся творить это дело, либо вообще «ничего не делает», либо, во всяком случае, эгоистически занят только своей собственной судьбой, своим личным спасением и равнодушен к людям и их нуждам. И ему противопоставляют «общественного деятеля», занятого устройством судьбы множества людей, или воина, самоотверженно гибнущего за благо родины, как людей, которые действуют, и притом действуют для общей пользы, для блага других. Но все это рассуждение в корне ложно, обусловлено совершенной слепотой, прикованностью сознания к обманчивой, поверхностной видимости вещей.

Прежде всего, что есть подлинное, производительное дело? В области материальной жизни наука о богатстве, политическая экономия, различает между «производительным» и «непроизводительным» трудом. Правда, там это различие весьма относительное, ибо не только те, кто непосредственно «производит» блага, но и те, кто занят их перевозкой, продажей или защитой государственного порядка, словом, все, кто трудится и участвует в общем устроении жизни, одинаково нужны и творят одинаково необходимое дело; и все-таки это различие сохраняет какой-то серьезный смысл, и всем ясно, что если все начнут «организовывать» хозяйство, распределять блага и никто не будет их производить (как это было, напр., одно время, а отчасти и доселе так остается в Советской России), то все будут умирать с голоду. Но в области духовной жизни как будто совершенно утрачено представление о производительном и непроизводительном труде; а здесь оно имеет существенное, решающее значение. Для того чтобы пропагандировать идеи, для того, чтобы устраивать жизнь в согласии с ними, надо их иметь, для того чтобы творить добро людям или ради него бороться со злом, надо ведь иметь *само добро*. Здесь совершенно ясно, что без производительного труда и накопления невозможна жизнь, невозможно никакое проникновение благ в жизнь и использование их. Кто же здесь производит и накопляет? Наши понятия о добре так смутны, что мы думаем, что добро есть «отношение между людьми», естественное качество нашего поведения, и не понимаем, что добро *субстанционально*, что оно есть реальность, которую мы прежде всего должны добывать, которым мы должны сами *обладать*, прежде чем начать благодетельствовать им других людей. Но добывает и накопляет добро *только* подвижник – и каждый из нас лишь в той мере, в какой он есть подвижник и посвящает свои силы внутреннему подвигу. Поэтому молитвенный и аскетический подвиг есть не «бесплодное занятие», ненужное для жизни и основанное на забвении жизни, – оно есть в духовной сфере единственное *производительное дело*, единственное подлинное созидание или добывание того питания, без которого все мы обречены на голодную смерть. Здесь – не праздная созерцательность, здесь – тяжкий, «в поте лица», но и плодотворный труд, здесь совершается накопление богатства; и это есть поэтому основное, существенное дело каждого человека – то первое производительное дело, без которого останавливаются и становятся бессмысленными все остальные человеческие дела. Чтобы мельницы имели работу, чтобы булочники могли печь и продавать хлеб, нужно, чтобы сеялось зерно, чтобы оно всходило, чтобы колосилась рожь и наливалось в ней зерно; иначе мельницы остановятся или будут вертеться пустыми и нам придется питаться мякиной и лебедой. Но мы без конца строим новые мельницы, которые с шумом машут по ветру крыльями, мы хлопочем об открытии булочных, устраиваем в них порядок получения хлеба, озабочены тем, чтобы никто при этом не обидел другого, и забываем лишь о мелочи – о том, чтобы сеять зерно, чтобы поливать ниву и взращивать хлеб! Так социализм заботится о всечеловеческом благополучии, воюя с врагами народа, митингуя, издавая декреты и организуя порядок жизни, – и при этом не только не заботясь о произрастании хлеба, но тщательно истребляя его и засоряя нивы плевелами; ведь этот хлеб насущный для него есть только усыпляющий «опий», ведь взращивание добра есть пустое дело, которым от безделья занимаются монахи и прочие дармоеды! Так в американском темпе жизни миллионы людей в Америке и Европе суетятся, делают дела, стараются обогатиться и в итоге все сообща неутомимым трудом создают – пустыню, в которой изнемогают от зноя и погибают от духовной жажды. Так в политической лихорадке митинговые ораторы и газетчики так упорно и неистово проповедуют справедливость и правду, что души и проповедников, и слушателей опустошаются до конца, и никто уже не знает, для чего он живет, где правда и добро его жизни. Все мы, нынешние люди, живем более или менее в таком сумасшедшем обществе, которое существует только, как Россия в годы революции, *разбазариванием* благ, которые когда-то, в тихих, невидимых мастерских, неприметно создали наши предшественники. А между тем каждый из нас, какое бы иное дело он ни делал, должен был бы часть своего времени затрачивать на основное дело – на накопление внутри себя сил добра, без которых все остальные дела становятся бессмысленными или вредными. Наши политики любят из всего дела св. Сергия Радонежского с одобрением отмечать, что он благословил рать Дмитрия Донского и дал ей двух монахов из своей обители; они забывают, что этому предшествовали десятилетия упорного молитвенного и аскетического труда, что *этим* трудом были добыты духовные богатства, которыми питались в течение веков и доселе питаются русские люди, и что без него, как указывает проницательный русский историк Ключевский, русские люди никогда не имели бы сил подняться на борьбу с татарами. Мы рвемся воевать со злом, организовывать нашу жизнь, делать настоящее, «практическое» дело; и мы забываем, что для этого нужны прежде всего силы добра, которые нужно уметь взрастить и накопить в себе. Религиозное, внутреннее делание, молитва, аскетическая борьба с самим собой есть такой неприметный основной труд человеческой жизни, закладывающий самый ее фундамент. Это есть основное, первичное, единственное подлинно производительное человеческое дело. Как мы видели, все человеческие стремления в конечном счете в последнем своем существе суть стремления к *жизни*, к полноте удовлетворенности, к обретению света и прочности бытия. Но именно поэтому все внешние человеческие дела, все способы внешнего устроения и упорядочения жизни опираются на внутреннее дело — на осмысление жизни через духовное делание, через взращивание в себе сил добра и правды, через действенное вживание человека в Первоисточник жизни — Бога.

И далее: хотя каждый человек, как в физическом, так и в духовном смысле, чтобы жить, должен *сам* дышать и питаться и не может жить только за счет чужого труда, но из этого не следует, как обычно думают, что невидимое, молчаливое делание есть работа для себя одного, что в нем все люди разобщены друг от друга и заняты каждый только своим эгоистическим делом. Напротив, мы уже видели, что люди разобщены между собою на поверхности и связаны в своей глубине и что поэтому всякое углубление есть тем самым расширение, преодоление перегородок, отделяющих людей друг от друга. Наше отравленное материализмом время совершенно утратило понятие о вселенской, космической или, так сказать, магической силе молитв и духовного подвига. Нам нужны смутные и рискованные чудеса оккультных явлений и спиритических сеансов, чтобы поверить, как в «редкое исключение», что дух действует на расстоянии, что сердца человеческие связаны между собою еще иным способом, чем через действие звуков глотки одного человека на барабанную перепонку другого. В действительности — опыт молитв и духовного подвига не только тысячекратно подтверждает это на частных примерах, но и раскрывает сразу как общее соотношение — духовная сила всегда сверхиндивидуальна, и ею всегда устанавливается невидимая связь между людьми. Одинокий отшельник в своей келье, в затворе, невидимый и неслышимый никем, творит дело, сразу действующее на жизнь в целом и затрагивающее всех людей; он делает дело не только более производительное, но и более *общее*, более захватывающее людей и влияющее на них, чем самый умелый митинговый оратор или газетный писатель. Конечно, каждый из нас, слабых и неумелых рядовых работников в области духовного бытия, не может рассчитывать на *такое* действие своего внутреннего делания; но, если мы свободны от самомнения, можем ли мы рассчитывать на большие результаты и в области внешнего нашего вмешательства в жизни? Принципиальное же соотношение остается здесь тем же самым; невозможное для людей возможно для Бога, и никто наперед не знает, в какой мере он способен помочь и другим людям своей молитвой, своим исканием правды, своей внутренней борьбой с самим собой. Во всяком случае, это основное человеческое дело действенного осмысления жизни, взращивания в себе сил добра и правды есть не только одиночное дело каждого в отдельности; по самому своему существу, по природе той области бытия, в которой оно совершается, оно есть общее, соборное дело, в котором все люди связаны между собой в Боге, и все – за каждого, и каждый – за всех.

Таково то великое, единственное дело, с помощью которого мы действенно осуществляем смысл жизни и в силу которого в мире действительно совершается нечто существенное – именно возрождение самой внутренней его ткани, рассеяние сил зла и наполнение мира силами добра. Это дело – подлинно метафизическое дело – возможно вообще только потому, что оно совсем не есть простое человеческое дело. Человеку здесь принадлежит только работа по уготовлению почвы, произрастание же совершается самим Богом. Это есть метафизический, Богочеловеческий процесс, в котором только соучаствует человек, и именно потому в нем может осуществиться утверждение человеческой жизни на ее подлинном смысле.

Отсюда становится понятной нелепость иллюзии, в которой мы пребываем, когда мы мним, что в нашей внешней деятельности, в работе, протекающей во времени и соучаствующей во временном изменении мира, мы можем осуществить нечто абсолютное, достигнуть осуществления смысла жизни. Смысл жизни – в ее утвержденности в вечном, он осуществляется, когда в нас и вокруг нас проступает вечное начало, он требует погружения жизни в это вечное начало. Лишь поскольку наша жизнь и наш труд, соприкасаеся с вечным, живет в нем, проникается им, мы можем рассчитывать вообще на достижение смысла жизни. Во времени же все раздроблено и текуче; все, что рождается во времени, по слову поэта, заслуживает и погибнуть во времени. Поскольку мы живем только во времени, мы живем и только *для времени*, мы им поглощены, и оно безвозвратно уносит нас вместе со всем нашим делом. Мы живем в части, разъединенной с целым, в отрывке, который не может не быть бессмысленным. Пусть мы, как соучастники мира, обречены на эту жизнь во времени, пусть даже – как это ниже уяснится – мы даже *обязаны* в ней соучаствовать, но в *этой* нашей работе мы достигаем и при наибольшей удаче только отностительных ценностей и ею никак не можем «осмыслить» нашу жизнь. Все величайшие политические, социальные и даже культурные перемены, в качестве только событий исторической жизни, в составе одного лишь временного мира, не совершают той метафизической *подземной* работы, которая нам нужна: не приближают нас к смыслу жизни – все равно, как все наши дела, даже важнейшие и нужнейшие, совершаемые нами *внутри* вагона поезда, в котором мы едем, ни на шаг не подвигают нас к цели, к которой мы движемся. Чтобы *существенно* изменить нашу жизнь и исправить ее, мы должны усовершенствовать ее сразу как *целое*; а во времени она дана лишь по частям, и живя во времени, мы живем лишь в малом, преходящем ее отрывке. Работа же над жизнью как целым есть работа именно духовная, деятельность соприкосновения с вечным как сразу целиком данным. Только эта подземная, невидимая миру работа приводит нас в соприкосновение с теми недрами, в которых покоится чистое золото, подлинно нужное для жизни. Единственное дело, осмысляющее жизнь и потому имеющее для человека абсолютный смысл, есть, следовательно, не что иное, как действенное соучастие в Богочеловеческой жизни. И мы понимаем слова Спасителя, на вопрос «что нам делать?» ответившего: «вот дело Божие, чтобы вы веровали в Того, Кого Он послал» (Иоан. VI, 29).

8. О ДУХОВНОМ И МИРСКОМ ДЕЛАНИИ

Но как же быть со всеми остальными человеческими делами, со всеми интересами нашей эмпирической жизни, со всем тем, что отовсюду нас окружает и заполняет нашу обычную жизнь? Осмысление жизни должно ли искупаться отречением от всего земного, отказом от всего ее эмпирического содержания? Любовь, семья, заботы о ежедневном пропитании, а также те блага, которые мы обычно считаем объективно-ценными и которым посвящаем нашу жизнь, отдавая ее на служение им, – наука, искусство, справедливость в человеческих отношениях, судьба родины, – остаются ли по-прежнему они бессмысленными, суть ли они иллюзии, блуждающие огоньки, погоня за которыми зря губит нашу жизнь и от которых мы должны поэтому просто отвернуться и отказаться? Не искупается ли в таком случае обретение смысла жизни ее ужасающим обеднением и не слишком ли это дорогая цена?

Так спрашивает нас наша непреодоленная языческая природа. И на это *прежде всего* нужно ответить так. Кто не понимает, что «смысл жизни» есть благо, превышающее все остальные человеческие блага, что подлинное его обретение есть обретение сокровища, безмерно обогащающего человеческую душу, более того – что оно есть *единственное* настоящее, а не мнимое и иллюзорное благо, и потому не может быть оплачено «слишком дорогой ценой», – тот, значит, просто еще не изведал настоящей жажды, и не для того пишутся эти слова. Чье сердце не откликнется глубоким внутренним трепетом на слова Спасителя: «Кто хочет душу свою сберечь, тот потеряет ее; а кто потеряет ее ради Меня, тот сбережет ее. Ибо что пользы человеку приобрести весь мир, а себя самого погубить» (Лук. IX, 24–25), кто сам не сознает, что Царство Небесное подобно «сокровищу, скрытому на поле, которое нашел человек утаил, и от радости о нем идет и продает все, что имеет, и покупает поле то», или подобно «купцу, ищущему хороших жемчужин, который, нашел одну драгоценную жемчужину, пошел и продал все, что имел, и купил ее» (Матф. XIII, 44–46) – тот еще не готов для *искания* смысла жизни и потому, очевидно, никогда не может сговориться с теми, кто его ищет, а тем более не согласится на условиях, при которых его можно найти. Без жертвы и отречения нельзя вообще найти смысла жизни или – что то же – подлинной жизни, – таков, как мы уже знаем, внутренний закон духовного бытия; а что тут не может быть слишком большой жертвы, ясно для всякого, кто понимает, о чем идет здесь речь.

Раз навсегда и незыблемо стоит один итог наших размышлений: для того чтобы искать и найти *абсолютное благо*, надо прежде всего отказаться от того заблуждения, которое в относительном и частном усматривает само абсолютное, надо понять бессмысленность всего на свете *вне связи* с подлинно-абсолютным благом. Как бы часто душа наша, колеблясь между двумя мирами, ни возвращалась к более естественной и легкой для нее мысли, что в богатстве, славе, земной любви или даже в сверхличных благах, как счастие человечества, благо родины, наука, искусство, – заключено «настоящее», «реальное» удовлетворение человеческой души, а все остальное есть туманная и призрачная «метафизика» – пробуждаясь, она снова понимает и, оставаясь правдивой, не может не понимать, что все это – тлен, суета и что единственное, что ей подлинно нужно, есть смысл жизни, заключенный в подлинной, вечной, просветленной и успокоенной жизни. Относительное и частное всегда останется только относительным и частным, всегда нужно только для чего-то иного – абсолютного – и легко отдается или по крайней мере должно отдаваться за него. Эта иерархия ценностей, – этот *примат* цели над средствами, основного над вторичным и производным, должен быть незыблемо утвержден в душе раз и навсегда и огражден от опасностей затуманивания и колебания, которому он подвергается всегда, когда нами овладевает *страсть* – хотя бы самая чистая и возвышенная страсть. Жизнь осмысливается только отречением от ее эмпирического содержания; твердую, подлинную опору для нее мы находим лишь вне ее; лишь перешагнув за пределы мира, мы отыскиваем ту вечную основу, на которой он утвержден. Пребывая в нем, мы им охвачены и вместе с ним шатаемся и кружимся в бессмысленном вихре.

И все же таким чисто отрицательным выводом мы не можем ограничиться, потому что он был бы односторонним. Ибо смысл жизни, раз найденный, через отречение и жертву, в последней глубине бытия, вместе с тем осмысливает *всю* жизнь. Царство Небесное, будучи подобно одной жемчужине, за которую охотно отдается все остальное имущество, вместе с тем подобно закваске, которая сквашивает «три меры муки», подобно горчичному зерну, которое вырастает в огромное тенистое дерево. Выражаясь отвлеченно, мы можем сказать: абсолютное отыскивание через противопоставление его относительному, оно – вне и выше последнего; но оно не было бы абсолютным, если бы оно вместе с тем не проникало все относительное и не охватывало его. Никакое земное человеческое дело, никакой земной интерес не может *осмыслить* жизни, и в этом отношении они все совершенно бессмысленны; но когда жизнь уже *осмыслена* иным началом – своею последней глубиной, то она осмыслена всецело и, следовательно, все ее содержание. В тьме нельзя отыскать свет, и свет противоположен тьме; но свет освещает тьму. Было бы совершенно ложным, противоречащим христианскому сознанию и подлинному строению бытия стремлением – оторвать Бога от мира, замкнуться в Боге и оградить себя от мира презрением к нему. Ибо Бог, превосходя мир и будучи сверхмирным, сотворил этот мир и в нем явил Себя; в Боговоплощении Он сам влил Свои силы в мир, и истина христианства, в которой мы узнали истинное обретение смысла жизни, есть не учение о трансцендентном и отрешенном от мира Боге, а учение о Боговоплощении и Богочеловечестве, о нераздельном и неслиянном единстве Бога и человека, а стало быть, и Бога и мира (так как существо мира – в человеке). Вся человеческая жизнь, просветленная своей связью с Богом и утвержденная через нее, оправдана; вся она может совершаться «во славу Божию», светло и осмысленно. Единственным условием этого является требование, чтобы человек не *служил* миру, «не любил мира и того, что в мире» как последних самодовлеющих благ, а чтобы он рассматривал свою мирскую жизнь и весь мир как средство и орудие Божьего дела, чтобы он употреблял их на *служение* абсолютному добру и подлинной жизни. Жизнь как наслаждение, власть, богатство, как упоенность миром и самим собой есть бессмыслица; жизнь как *служение* есть Богочеловеческое дело и, следовательно, всецело осмысленно. И каждое мнимое человеческое благо – любовь к женщине, богатство, власть, семья, родина, – использованное как *служение*, как путь к истинной жизни и озаренное лучами «света тихого», теряет свою суетность, свою иллюзорность, и приобретает вечный, т.е. подлинный *смысл*. Христос благословил брак в Кане Галилейской, он повелел платить дань Кесарю – под условием несмешения его с Богом. Иоанн Креститель наряду с абсолютным требованием – сотворить достойные плоды покаяния – на вопрос «что делать?» заповедал народу делиться одеждой и пищей с неимущими, мытарям – не требовать более определенного им, а воинам – никого не обижать, не клеветать, довольствоваться своим жалованием (Лук. III, 8–14).

И все же здесь остается еще неясность. Сказано ведь: «царство Мое не от мира сего», «не любите мира и того, что в мире». Служение Богу ведь и есть отречение от мира, ибо нельзя сразу служить двум господам, Богу и маммоне. Каким же образом возможно мирское служение, оправдание мирской жизни через связь ее с Богом?

Человек по своей природе принадлежит к двум мирам — к Богу и к миру; его сердце есть точка скрещения двух этих сил. Он не может служить этим двум силам сразу и должен иметь только одного господина — Бога. Но Бог есть и Творец мира, и через Бога и в Боге оправдан и мир. Кто может отречься всецело от мира, от всего того в мире, что не согласуется с Богом и не божественно, и идти прямо к Богу — тот поступает праведно, кратчайшим и вернейшим, но и труднейшим путем обретает оправдание и смысл своей жизни. Так идут к Богу отшельники и святые. Но кому это не дано, у того другое предназначение: он вынужден идти к Богу и осуществлять смысл своей жизни *сразу двумя путями*; пытаться по мере сил неуклонно идти прямо к Богу и взращивать в себе Его силу, и вместе с тем идти к Нему через переработку и совершенствование мирских сил в себе и вокруг себя, через приспособление их всех к служению Богу. Таков путь мирянина. И на этом пути необходимо и *правомерно* возникает та двойственность, в силу которой отречение от мира должно сочетаться с любовным соучастием в нем, с усилием его же средствами содействовать его приближению к вечной правде.

Другими словами, существует истинное и ложное отречение от «мира». Истинное заключается в действительном подавлении в себе мирских страстей, в свободе от них, в ясном и действенно подтверждаемом усмотрении призрачности всех мирских благ. Ложное отречение состоит в фактическом пользовании жизненными благами, в рабстве перед миром и желании вместе с тем не соучаствовать действенно в жизни мира и наружно не соприкасаться с его греховностью. При таком мнимом отречении человек, стараясь воздерживаться от внешнего соучастия в грехах мира, но пользуясь его благами, грешит на самом деле *больше*, чем тот, кто, соучаствуя в мире и обременяя себя его греховностью, стремится в самом этом соучастии к конечному преодолению греховности. Война есть зло и грех; и монах и отшельник прав, воздерживаясь от участия в ней; но он прав потому, что он не использует никогда плодов войны, что ему не нужны уже само государство, ведущее войну, и все, что дает человеку государство; кто же готов воспользоваться ее плодами, кто еще нуждается в государстве, тот несет ответственность за его судьбу – и, греша вместе с ним, менее грешит, чем когда умывает руки и сваливает грех на другого. Половая любовь есть несовершенная любовь, и девственность есть совершенное состояние человека, подлинно и на кратчайшем пути ведущее его к Богу; но, по слову Апостола, лучше жениться, чем разжигаться, и потому брак есть мирской путь очищения плотской жизни, в котором, несовершенно и искаженно, выражается таинственная связь мужчины и женщины – символ связи Бога с человеком. Забота о пропитании, об одежде и пище есть выражение человеческой слабости и человеческого неверия; от нее праведно свободен тот, кто, подобно Серафиму Саровскому, может питаться полевой травкой, и каждый из нас в меру сил должен стараться освобождаться от нее; но, поскольку мы не свободны от нее, трудолюбие лучше безделия и заботливый семьянин меньше грешит, чем праздный гуляка и эгоист, равнодушный к нужде своих близких. Насилие над людьми, принудительная борьба даже с преступником есть грех и выражение нашей слабости; но истинно свободен от этого греха не тот, кто равнодушно смотрит на преступление и холодно пассивен в отношении причиняемого им зла, а лишь тот, кто в состоянии силою Божьего света просветить злую волю и остановить преступника; всякий иной меньше *грешит*, применяя насилие к преступнику, чем равнодушно умывая руки перед лицом преступления.

Вообще говоря, нужно помнить, что человек праведно свободен от мирского труда и мирской борьбы только в том случае, если он в своей духовной жизни осуществляет *еще более тяжкий* труд, ведет *еще более опасную и трудную борьбу*. Как благодать не отменяет закона, но его восполняет, так что имеет право не думать о законе лишь тот, кто благодатно осуществит *больше*, чем требует закон, – так и от нравственных обязательств, налагаемых самим фактом нашего участия в жизни, свободен лишь тот, кто сам на себя налагает обязанности еще тягчайшие. Человеческая жизнь по самому своему существу есть труд и борьба, ибо она осуществляется, как мы уже знаем, только через самоопределение, через действенное свое перевоспитание и усилие впитывания в себя своего божественного первоисточника. Поэтому ложны и неправомерны сентиментально-идиллические вожделения «убежать» от суеты мира, от его забот и тревог, чтобы мирно и невинно наслаждаться тихой жизнью в уединении. В основе этих стремлений лежит невысказанное убеждение, что мир вне меня полон зла и соблазнов, но человек сам по себе, я сам, собственно невинен и добродетелен; на это исходящее от Руссо убеждение опирается и все толстовство. Но этот злой мир в действительности я несу *в самом себе* и потому никуда не могу от него убежать; и нужно гораздо больше мужества, силы воли, нужно – как показывает опыт отшельников – преодоление гораздо большего числа искушений или более явственных искушений, чтобы в одиночестве, в себе самом и одними лишь духовными усилиями преодолеть эти искушения. Жизнь отшельника есть не жизнь праздного созерцателя, не тихая идиллия, а суровая жизнь подвижника, полная жестокого трагизма и неведомой нам творческой энергии воли. Серафим Саровский, простоявший на коленях на камне 1000 дней и ночей и говоривший о цели этого подвига: «тому томящего мя», обнаружил, конечно, неизмеримо больше терпения и мужества, чем наиболее героический солдат на войне. Он боролся со всем миром – в себе, и потому был свободен от внешней борьбы с миром. Кто не может совершить того же, кто живет в мире и в ком живет мир, тот тем самым обязан нести и бремя, которое мир возлагает на нас, обязан в несовершенных, греховных, мирских формах содействовать утверждению в мире начал и отношений, приближающих его к его Божественной первооснове.

В сущности, в основе этого ложного, идиллического аскетизма лежит представление (заимствованное из чисто чувственной области) о разобщенности людей или о возможности их разобщения чисто физическим способом – путем «уединения», удаления от других людей. Но, как мы знаем, в глубине, в первооснове своей жизни люди не разобщены, а исконным образом связаны между собой; их объемлет одна общая стихия бытия – будет ли то стихия добра или зла. Каждый несет ответственность за всех, ибо страдает одним злом и исцеляется одним, общим для всех добром. Поэтому физически отъединяться от людей и не участвовать в их мирской судьбе имеет право лишь тот, кто борется в себе с самим корнем мирового зла и растит в себе само единое и благодетельное для всех субстанциальное добро. Всякий же, кто еще противопоставляет себя другим, кто имеет свои личные страдания и радости, – еще зависит от мира, еще живет в мире, т.е. и извне соучаствует в коллективной жизни мира (хотя бы физически и видимым образом уклонялся от этого соучастия), а потому ответствен за *нее*, обязан соучаствовать в налагаемых ею обязанностях. Он обязан осуществить наибольшее добро, или достигнуть наименьшей общей греховности в данном, совершенно конкретном, определенном данными условиями человеческой жизни положении. Отсюда именно для того, кто осознал смысл жизни, вытекает необходимость каждый шаг жизни ставить в связь с ее абсолютной первоосновой; рождаются обязанности перед миром и людьми, – обязанности доброго гражданина и доброго человека вообще;

были при исполнении этих обязанностей и он неизбежно соучаствует в мировой греховности – ибо вся эмпирическая, мирская жизнь полна несовершенства и греховности, – то он должен сознавать, что эту греховность он *все равно* несет в себе, что в ней он все равно соучаствует, даже оставаясь пассивным и удаляясь от людей; но в последнем случае он не искупает ее нравственным делом, которое в конечном счете вытекает из любви к людям как непосредственного выражения любви к Богу. Сказано: «не любите мира, ни того, что в мире: кто любит мир, в том нет любви отчей. Ибо все, что в мире... не есть от Отца, но от мира. И мир проходит, и похоть его, а исполняющий волю Божию пребывает во век» (1Ин. 3:15–17). Но тот же апостол – апостол любви – вместе с тем сказал: «Кто говорит: я люблю Бога, а брата своего ненавидит, тот лжец; ибо не любящий брата своего, которого *видит*, как может любить Бога, которого *не видит*. И мы имеем от Него такую заповедь, чтобы любящий Бога любил и брата своего» (1Ин. 4:20–21). Эта любовь к «видимому брату» и обязанность облегчить его страдания и помогать ему в его борьбе со злом и стремленнии к добру, эта любовь к живым людям в их чувственно-эмпирической конкретности, осуществляемая внешними, эмпирическими же действиями в мире, есть источник всех наших мирских обязанностей; и она связует наше непосредственное отношение к Богу, нашу духовную работу осмысления жизни с нашей деятельностью в миру и мирскими средствами.

Но что можно вообще сделать в миру и мирскими средствами? Что это значит – с той точки зрения, которая нас только и интересует, которая только и должна интересовать всякого прозревшего человека, понявшего бессмысленность эмпирической жизни как таковой – с точки зрения осмысления жизни, осуществления в ней сущностного добра и истинной жизни, стремления к ее «обожению»? Необходимо отдать себе ясный, чуждый всякой двусмысленности, отчет в этом.

Как уже сказано, в подлинном, метафизическом смысле существует у человека только одно-единственное дело – то, о котором Спаситель напомнил Марфе, сказав ей, что она заботится и печется о многом, а лишь единое есть на потребу. Это есть духовное дело – взращивание в себе субстанциального добра, усилия жизни со Христом и во Христе, борьба со всеми эмпирическими силами, препятствующими этому. Никакая, самая энергичная и в других отношениях полезная внешняя деятельность не может быть в буквальном, строгом смысле *«благотворной»*, не может сотворить или осуществить ни единого грамма добра в мире; никакая самая суровая и успешная внешняя борьба со злом не может уничтожить ни единого атома зла в мире. Добро вообще не творится людьми, а только взращивается ими, когда они уготовляют в себе почву для него и заботятся об его росте; растет и творится оно силою Божией. Ибо добро и есть Бог. А единственный способ реально *уничтожить* зло есть вытеснение его сущностным добром; ибо зло, будучи пустотой, уничтожается только *заполнением* и, будучи тьмой, рассеивается только светом. Подобно пустоте и тьме, зло нельзя никаким непосредственным, на него обращенным способом раздавить, уничтожить, истребить – ибо при всякой такой попытке оно ускользает от нас; оно может лишь исчезнуть, «как тает воск от лица огня», как тьма рассеивается светом и пустота исчезает при заполнении. В этом подлинном, сущностном смысле добро и зло живут только в глубине человеческой души, в человеческой воле и помыслах, и только в этой глубине совершается борьба между ними и возможно вытеснение зла добром.

Но человек есть вместе с тем телесное, а потому и космическое существо. Его воля имеет два конца – один внутренний, упирающийся в метафизические глубины, в которых и совершается это истинное, подлинное дело, другой – наружный, проявляющийся в внешних действиях, в образе жизни, в порядках и отношениях между людьми. Эта внешняя жизнь, или жизнь этого вовне обращенного наружного конца человеческой воли, не безразлична для жизни внутреннего существа души, хотя никогда не может заменить ее и выполнить ее дело. Она играет для этого внутреннего существа души двоякую пособную роль: через ее дисциплинирование и упорядочение можно косвенно воздействовать на внутреннее существо воли, содействовать его работе, а через ее разнуздание можно ослабить внутреннюю волю и помешать ее работе; и, с другой стороны, общие внешние порядки жизни и то, что в ней происходит, может благоприятствовать или вредить духовному бытию человека. В первом отношении можно сказать, что всякое воспитание воли начинается с внешнего ее дисциплинирования и поддерживается им: полезно человеку рано вставать, трудиться хотя бы над ничтожным делом, упорядочить свою жизнь, воздерживаться от излишеств; отсюда – ряд внешних норм поведения, которые мы должны соблюдать сами и к которым должны приучать других; и работа по такому внешнему упорядочению жизни – своей и чужой – косвенно содействует основной задаче нашей жизни. С другой стороны, добро, раз уже осуществленное, проявляется вовне и благодетельно для всей окружающей его среды; зло также существует и обнаруживает себя истреблением, калечением жизни вокруг себя; оно, как магнит, притягивает к себе все вокруг себя и заставляет и его обнаруживаться и портить жизнь, и оно, таким образом, может затруднить и – в меру нашей слабости – сделать невозможной нашу внутреннюю духовную жизнь. Поэтому *ограждение добра* вовне, создание внешних благоприятных условий для его обнаружения и действия вовне и обуздание зла, ограничение свободы его проявления есть важнейшее вспомогательное дело человеческой жизни. То и другое есть дело, с одной стороны, права, как оно творится и охраняется государством, дело нормирования общих, «общественных» условий человеческой жизни и, с другой стороны, повседневное дело каждого из нас в нашей личной, семейной, товарищеской, деловой жизни. Итак, внешнее воспитание воли и содействие ее внутренней работе через ее дисциплинирование в действиях и поведении и создание общих условий, ограждающих уже осуществленные силы добра и обуздывающих гибельное действие зла, – вот к чему сводится мирское дело человека, в чем бы оно ни заключалось. Идет ли речь о труде для нашего пропитания, о наших отношениях к людям, о семейной жизни и воспитании детей или наших многообразных общественных обязанностях и нуждах – всюду, в конечном счете, дело сводится или на наше индивидуальное и коллективное, внешнее воспитание, косвенно полезное для нашего внутреннего свободного духовного перевоспитания, или на работу по ограждению добра и обузданию зла.

Два взаимно противоположных и именно потому сходных заблуждения, два непонимания основной структуры бытия препятствуют здесь укреплению здорового и разумного отношения к жизни. Смешивая внешнюю жизнь с внутренней, не понимая отличия между ограждением добра и обузданием зла, с одной стороны, и осуществлением добра и истреблением зла – с другой, одни утверждают, что всякая внешняя, общественная и государственная деятельность бесполезна и есть зло, а другие, напротив, считают ее равноценной внутренней деятельности, мнят через нее осуществить добро и истребить зло. Толстовцы и фанатики внешних дел права и государства разделяют *одно и то же заблуждение*: смешение сущностно-творческого с вспомогательно-механическим делом, внутреннего с внешним, абсолютного с относительным. *Отвергать* относительное на том основании, что оно – не абсолютное, и признавать его, только превознося его до значения абсолютного, – значит не понимать различия между абсолютным и относительным, одинаково не признавать относительной правомерности относительного, значит в *том* или в *другом* отношении нарушать завет: «воздавайте Кесарю кесарево, а Богу Богово». *Правы* толстовцы, когда говорят, что насилием нельзя сотворить благо и истребить зло, что всякая внешняя, механическая и государственно-правовая деятельность не осуществляет и не может осуществить самого главного: внутреннего обретения в себе добра, внутреннего свободного воспитания человека, нарастания любви в человеческой жизни. Но они *неправы*, когда поэтому считают всю эту сферу жизни и деятельности ненужной и гибельной. Если нельзя на этом пути сотворить благо, то можно и должно *ограждать* его; если нельзя истребить зла, то можно *обуздать* его и не позволить ему разрушать жизнь. Никакие самые суровые кары, вплоть до смертной казни, не уничтожают ни одного атома зла в мире: ибо зло в своем бытии неуловимо для внешних мер; но следует ли из этого, что мы должны давать убийцам и насильникам свободно губить и калечить жизнь и не имеем права их обуздать. Государство, справедливо говорит Вл. Соловьев, существует не для того, чтобы осуществить рай на земле, оно бессильно совершить это; но оно существует, чтобы предупредить осуществление *ада* на земле. Правы фанатики общественности и политики, когда утверждают, что обязанность каждого гражданина и мирянина заботиться об улучшении общих, общественных условий жизни, действенно бороться со злом и содействовать, хотя бы и с мечом в руках, утверждению добра. Но они *неправы*, когда думают, что с мечом в руках можно истребить зло и сотворить благо, что *сами добро и зло* творятся и борются между собой в политической деятельности и борьбе. Добро *творится* – и только им, его творением, зло *истребляется* – одним лишь духовным деланием и его осуществлением – любовным единением людей. Никогда еще добро не было осуществлено никаким декретом, никогда оно не было сотворено самой энергичной и разумной общественной деятельностью; тихо и незаметно, в стороне от шума, суеты и борьбы общественной жизни оно нарастает в душах людей, и *ничто* не может заменить этого глубокого, сверхчеловеческими силами творимого органического процесса. И никогда зло не было истреблено, как уже указано, никакими карами и насилиями; напротив, всегда, когда насилие мнит себя всемогущим и мечтает действительно *уничтожить* зло (а не только обуздать его, оградить жизнь от него), оно всегда плодит и умножает зло; свидетельство тому – действие всякого террора (откуда бы он ни исходил и во имя чего бы ни совершался), всякой фанатической попытки истребить зло в лице самих злодеев; такой террор рождает вокруг себя новое озлобление, слепые страсти мести и ненависти. «Аполитизм», пренебрежение к общественной жизни, нежелание мараться соучастием в ней есть, конечно, недомыслие или индифферентизм; а религиозный аполитизм есть лицемерие и ханжество. Политический же фанатизм и рождаемый им культ насилия и ненависти есть слепое идолопоклонство, измена Богу и поклонение статуе кесаря.

То, что сказано об отношении к общественности и государственности, применимо ко всякому внешнему, мирскому деланию, будь то экономическая деятельность, забота о довольстве, о порядке и благоустроенности своего дома, будь то внешнее воспитание людей, будь то техническое совершенствование жизни, или даже научная работа, или бескорыстная деятельность материальной помощи ближнему. Всякая такая деятельность, поставленная на свое надлежащее место, именно как вспомогательное средство, внешне содействующее основному делу духовного труда над обожением жизни, совершаемая во имя Христа и со Христом, не только правомерна, но для всякого, не способного подавить в себе сразу мирские силы, обязательна. И всякая такая деятельность, совершаемая как абсолютное дело, мнящая заменить собою основную внутреннюю работу духовного возрождения человека, гибельна как измена Богу и слепое идолопоклонство, как слепая плененность бессмысленностью мирской жизни. Недаром Спаситель сказал раз навсегда, всем людям и для всех их дел: «*Без Меня не можете делать ничего*".

Как мы уже говорили, эта внешняя деятельность не есть нечто, чем можно было бы подлинно *осмыслить* свою жизнь; и поскольку она притязает на такое значение, это всегда есть иллюзия; но она есть нечто, что само *осмыслено* уже обретенным и осуществляемым в непрерывном внутреннем, духовном делании смыслом, и, в качестве такового, она, для каждого в своем месте и в своей надлежащей форме, необходима и разумна. Или, выражая то же самое с объективной стороны: всякое внешнее делание осуществляет не *цель*, а только средство к жизни; это средство разумно, поскольку мы сознаем разумную цель, которой оно служит, и ставим его в связь с нею; и, напротив, оно бессмысленно, поскольку мнит само быть целью жизни, не будучи в силах осуществить это притязание и отвлекая нас от служения истинной цели. А это означает следующее. В нашей внешней деятельности мы правомерно *служим* лишь тому, что само *в свою очередь служит* – именно служит абсолютному Первоисточнику жизни – Богу – и тем самым служит осуществлению нашей подлинной жизни. Служение государству правомерно постольку, поскольку само государственное бытие воспринимает себя и воспринимается нами как служение Богу, поскольку мы сознаем, что оно имеет свое, относительное и подчиненное, назначение в осуществлении подлинной жизни; материальные заботы правомерны, поскольку они служат не обогащению как самоцели или как средству к наслаждениям и довольству, а лишь поддержанию жизни в той мере, в какую оно действительно необходимо при нашей слабости и действительно содействует нашей духовной жизни (мера эта очень невелика и потому богатство, по слову Спасителя, затрудняющее нам достижение Царства Небесного, вредно). Ни в каком труде и интересе, ни даже в естественной любви к человеку, которая возникает в нас, всегда манит нас надеждой на какое-то высшее удовлетворение, нельзя усматривать последней цели; все это разумно и осмысленно, поскольку само есть средство и путь, поскольку само есть *служение* – именно содействие тому внутреннему служению, которое одно только и есть подлинное осуществление нашей жизни.

И, возвращаясь назад, к нашей постановке вопроса о смысле жизни, мы должны вспомнить то, что уже достигнуто нами. Когда человек отдает свою жизнь как средство для чего-либо частного, в чем бы оно ни заключалось, когда он служит какой-либо предполагаемой абсолютной цели, которая сама не имеет отношения к его собственной личной жизни, к интимному и основному запросу его духа, к его потребности найти *самого себя* в последнем удовлетворении, в вечном свете и покое совершенной полноты, – тогда он неминуемо становится *рабом* и теряет смысл своей жизни. И лишь когда он отдает себя служению тому, что есть вечная основа и источник его собственной жизни, он обретает смысл жизни. Поэтому всякое *иное* служение оправдано в той мере, в которой оно само косвенно соучаствует в этом единственном подлинном служении Истине, истинной жизни. «Познаете Истину, и Истина освободит вас» – освободит от неминуемого рабства, в котором живет идолопоклонник; а идолопоклонствует, по свойству человеческой природы, всякий человек, поскольку он именно не просветлен Истиной.

Есть один довольно простой внешний критерий, по которому можно распознать, установил ли человек правильное, внутренне-обоснованное отношение к своей внешней, мирской деятельности, утвердил ли он ее на связи с своим подлинным, духовным делом или нет. Это есть степень, в какой эта внешняя деятельность направлена на ближайшие, неотложные нужды сегодняшнего дня, на живые конкретные потребности окружающих людей. Кто весь, целиком ушел в работу для отдаленного будущего, в благодетельствование далеких, неведомых ему, чуждых людей, родины, человечества, грядущего поколения, равнодушен, невнимателен и небрежен в отношении окружающих его и считает свои конкретные обязаности к ним, нужду сегодняшнего дня, чемто несущественным и незначительным по сравнению с величием захватившего его дела, – тот несомненно идолопоклонствует. Кто говорит о своей великой исторической миссии и о чаемом светлом будущем и не считает нужным согреть и осветить сегодняшний день, сделать его хоть немного более разумным и осмысленным для себя и своих ближних, тот, если он не лицемерит, идолопоклонствует. И наоборот, чем более конкретна нравственная деятельность человека, чем больше она считается с конкретными нуждами живых людей и сосредоточена на сегодняшнем дне, – чем больше, короче говоря, она проникнута не отвлеченными принципами, а живым чувством любви или живым сознанием обязанности любовной помощи людям, тем ближе человек к подчинению своей внешней деятельности духовной задаче своей жизни. Завет не заботиться о завтрашнем дне, ибо «довлеет дневи злоба его», есть не только завет не перегружать себя чрезмерными земными заботами, но вместе с тем требование ограничить себя заботами о реальной жизни, а не о предметах мечтаний и отвлеченной мысли. *Сегодня* и я живу и живут окружающие меня люди; сегодня есть дело воли и жизни. *Завтра* есть область мечты и отвлеченных возможностей. Завтра легко совершить величайшие подвиги, облагодетельствовать весь мир, завести разумную жизнь. *Сегодня, сейчас* – трудно побороть и уничтожить свою слабость, трудно уделить нищему и больному минуту внимания, помочь ему и немногим, трудно заставить себя выполнить и небольшое нравственное дело. Но именно это небольшое дело, это преодоление себя, хотя и в мелочи, это хотя бы ничтожное проявление действенной любви к людям есть моя обязанность, есть непосредственное выражение и ближайшая проверка степени подлинной осмысленности моей жизни. Ибо дело сегодняшнего дня и текущего часа и мои отношения к окружающим меня ближним непосредственно связаны с конкретностью моей жизни, с самим ее вечным существом; направляясь на вечное, стремясь исполнить заповеди Божии и питаться из вечного источника жизни, я необходимо должен осуществить ближайшие конкретные дела, в которых находит свое выражение вечное начало жизни. Кто живет в сегодняшнем дне — не отдаваясь ему, а подчиняя его себе — тот живет в вечности. Свое нравственно-психологическое выражение такая правильная установка находит в смирении, в сознании ограниченности своих сил и вместе с тем в душевной *тишине* и *прочности*, с какою совершаются эти дела сегодняшнего дня, это соучастие в конкретной жизни мира; тогда как идолопоклонническое служение миру, с одной стороны, всегда проявляется в гордыне и восторженности и, с другой стороны, связано с чувством беспокойства, неуверенности и суеты. Ибо кто считает основной целью своей деятельности достижение какого-либо определенного внешнего результата, осуществление объективной перемены в устройстве мира, — с одной стороны, должен преувеличивать и значение своего дела, и свои собственные силы и, с другой стороны, ввиду шаткости и слепоты в течении всех земных дел, никогда не уверен в успехе и тем ставит свою жизнь в зависимость от условий, над которыми его воля не властна. Лишь тот, кто живет в вечном и задачу своей деятельности видит в возможно большем действенном обнаружении вечных сил — независимо от их внешнего успеха и объективного результата, — кто живет в сознании, выражаемом французской поговоркой: fais ce que dois, advienne ce que pourra[17] — живет в душевном покое, и в своем внешнем делании не отрывается от внутреннего корня своего бытия, от основного, внутреннего своего делания, направленного на укрепление этого корня.

Таким образом, внешнее, мирское делание, будучи производным от основного, духовного делания и им только и осмысляясь, должно стоять в нашей общей духовной жизни на надлежащем ему месте, чтобы не было опрокинуто нормальное духовное равновесие. Силы духа, укрепленные и питаемые извнутри, должны свободно изливаться наружу, ибо вера без дел мертва, свет, идущий из глубины, должен озарять тьму вовне. Но силы духа не должны идти в услужение и плен к бессмысленным силам мира, и тьма не должна заглушать вечного Света.

Это есть ведь тот живой Свет, который просвещает всякого человека, приходящего в мир; это – сам Богочеловек Христос, который есть для нас «путь, истина и жизнь» и который именно потому есть вечный и ненарушимый *смысл нашей жизни.*

ПРИМЕЧАНИЯ

1 – Цитата из оды Г.Р. Державина «На смерть князя Мещерского» (1783). Строка из нее взята А.С. Пушкиным в эпиграф IV-й главы 1 тома повести «Дубровский».

2 – Вероятный источник С.Л. Франка – «Воспоминания» П.В. Анненкова (см.: В.Г. Белинский в воспоминаниях современников. М.: Художественная лит-ра, 1977, с. 346). Франк, однако, ошибочно относит это суждение Белинского к его первому знакомству с системой Гегеля. Оно, напротив, характерно для периода его разочарования в «гегелизме» и документально подтверждается известным письмом к В.П. Боткину от 1111 1841 (См.: Белинский В.Г. Собр. соч., т. 9. М.: Художественная лит-ра, 1982, с. 443).

3 – «Если б молодость знала, если б старость могла» (фр.).

4 – Парафраз песни арфиста из романа И.В. Гете «Годы учения Вильгельма Мейстера», известной в русском переводе Ф.И. Тютчева.(фр.).

5 – «Умиротворенная Римская империя» (лат.).

6 – Цитата из стихотворения Ф.И. Шиллера «Торжество победителей» (1803) в переводе В.А. Жуковского.

7 – Цитата из стихотворения Ф.И. Тютчева «Не то, что мните вы, природа...».

8 – Тимей 28а.

9 – Цитата из стихотворения Ф.И. Тютчева «Певучесть есть в морских волнах...»

10 – Алкивиад I, 133а-с.

11 – Выражение Тертуллиана.

12 – Тимей 37d.

13 – Цитата из «Пира во время чумы» А.С. Пушкина.

14 – Tertull. Apologeticus, XVII.

15 – В беседе Шатова со Ставрогиным (Достоевский Ф.М. Поли. собр.соч., 1974, т. 10, с. 196–203. Бесы, II, 1, VII).

16 – Цитата из стихотворения Вл. Соловьева «Имману-Эль».

17 – Делай, что должно, выйдет, что возможно (фр.).

СЕМЁН ЛЮДВИГОВИЧ ФРАНК

Семён Людвигович Франк (1877–1950) – выдающийся русский философ, религиозный мыслитель и психолог, внёсший значительный вклад в развитие русской и мировой философской мысли. Родился 28 января (9 февраля) 1877 года в Москве в семье врача. Его родители были еврейского происхождения, но не придерживались строгих религиозных традиций, что позволило Франку с ранних лет познакомиться с разнообразием культурных и духовных течений.

В 1894 году Франк поступил на естественное отделение Московского университета, однако вскоре перевёлся на юридический факультет, где увлёкся философией и экономикой. В этот период он активно участвовал в революционном движении, примкнув к марксистским кружкам. Однако, разочаровавшись в марксизме, Франк постепенно отошёл от революционных идей и обратился к философским исследованиям.

В 1908 году он защитил магистерскую диссертацию на тему «Предмет знания», которая стала значительным вкладом в теорию познания. В последующие годы Франк преподавал в различных университетах, включая Санкт-Петербургский и Саратовский, где занимал кафедру философии.

После Октябрьской революции 1917 года Франк, как и многие представители русской интеллигенции, оказался в оппозиции к большевистскому режиму. В 1922 году он был выслан из Советской России на так называемом «философском пароходе» вместе с другими видными мыслителями и учёными.

В эмиграции Франк продолжил свою научную и преподавательскую деятельность в Германии, а затем во Франции. В этот период он написал ряд значительных трудов, среди которых «Душа человека», «Свет во тьме» и «Непостижимое». Его работы посвящены вопросам метафизики, религиозной философии и этики, в которых он стремился синтезировать рациональное и иррациональное, философию и религию.

В 1945 году, после окончания Второй мировой войны, Франк переехал в Великобританию, где продолжил литературную деятельность и участвовал в жизни русской эмигрантской общины. Он скончался 10 декабря 1950 года в Лондоне.

Наследие Семёна Франка занимает особое место в истории русской философии. Его труды отличаются глубиной мысли, стремлением к постижению духовных основ бытия и поиском путей к гармонии между верой и разумом. Франк оставил после себя богатое философское наследие, которое продолжает изучаться и цениться как в России, так и за её пределами.

Православная библиотека – Orthodox Logos

- *Песня церкви - Праведники наших дней* – Артём Перлик
- *Сказки* – Артём перлик
- *Патристика* – Артём Перлик
- *Следом за овцами - Отблески внутреннего царства* – Монахиня Патрикия
- *Откровенные рассказы странника духовному своему отцу*
- *Семь слов о жизни во Христе* – праведный Николай (Кавасила)
- *О молитве* – святитель Игнатий (Брянчанинов)
- *Об умной или внутренней молитве* – преподобный Паисий (Величковский)
- *В помощь кающимся* – святитель Игнатий (Брянчанинов)
- *Христианство по учению преподобного Макария Египетского* – преподобный Иустин (Попович), Челийский
- *Философские пропасти* – преподобный Иустин Челийский (Попович)
- *Священное Предание: Источник Православной веры* – митрополит Каллист (Уэр)
- *Толкование на Евангелие от Матфея* – святой Феофилакт Болгарский, архиепископ Охридский
- *Толкование на Евангелие от Марка* – святой Феофилакт Болгарский, архиепископ Охридский
- *Толкование на Евангелие от Луки* – святой Феофилакт Болгарский, архиепископ Охридский
- *Толкование на Евангелие от Иоанна* – святой Феофилакт Болгарский, архиепископ Охридский
- *Таинство любви* – Павел Евдокимов

- *Мысли о добре и зле* – святитель Николай Сербский (Велимирович)
- *Миссионерские письма* – святитель Николай Сербский (Велимирович)
- *Живой колос* – праведный Иоанн Кронштадтский (Сергиев)
- *Дидахе. Учение Господа, переданное народам через 12 апостолов*
- *Домострой* – протопоп Сильвестр
- *Лествица или Скрижали духовные* – преподобный Иоанн Лествичник
- *Слова подвижнические* – преподобный Исаак Сирин Ниневийский
- *Миссионерские письма* – святитель Николай Сербский (Велимирович)
- *Точное изложение православной веры* – преподобный Иоанн Дамаскин
- *Беседы на псалмы* – святитель Василий Великий
- *Смысл жизни* – Семён Людвигович Франк

www.orthodoxlogos.com

www.ingramcontent.com/pod-product-compliance
Lightning Source LLC
Chambersburg PA
CBHW060611080526
44585CB00013B/780